LV2 première année

Zusammen

Allemand

Norbert Biscons
Inspecteur pédagogique régional
Académie de Montpellier

Martine Dalmas
Professeur de linguistique allemande
Université de Paris-Sorbonne (Paris IV)

Carina Lemayeur
Professeur agrégé
Lycée Docteur Lacroix, Narbonne
Académie de Montpellier

Françoise Pernot
Professeur agrégé
Collège Eurêka, Pont-Sainte-Marie
Académie de Reims

Didier
13, rue de l'Odéon, 75006 Paris

Conception graphique couverture et intérieur, pictos : David Bart
Illustrations : Bruno Conquet
Sylvia Bataille (p. 19, 22, 40, 48, 50, 51, 60, 70, 72, 75, 80, 100, 118)
Marie-Noëlle Pichard (p. 111)
Marc Lizano (picto p. 5), Chrystel Proupuech (p. 22), Franz No (p. 70)
Cartes : Graffito (p. 31, 142-143 et plan, p. 106)
Mise en page et photogravure : Touraine Compo

ISBN 978-2-278-05547-0

Imprimé en Espagne

Avant-propos

Chacune et chacun d'entre vous a décidé d'apprendre l'allemand pour des raisons diverses : parce que c'est la langue de notre premier partenaire au niveau européen, parce que vous vous intéressez à la musique, au cinéma ou à la science, ou peut-être parce que vous avez été sensibilisé(e) à cette langue, que vous l'avez trouvée belle et/ou que vous lui avez trouvé des ressemblances avec l'anglais, que vous pratiquez, pour l'immense majorité d'entre vous, depuis l'école primaire.

Apprendre une langue est toujours une aventure, une occasion de découvertes : vous allez entrer en contact avec les Allemands et l'Allemagne, mais aussi avec d'autres voisins comme les Autrichiens et les Suisses. Les relations privilégiées qui unissent l'Allemagne et la France vous donneront des occasions de rencontres avec des jeunes Allemands de votre âge.

Pour vous aider, nous avons pris le parti de construire votre parcours d'apprentissage en tenant compte du fait essentiel que vous apprenez l'allemand en même temps que l'anglais.

Comme David, un des héros du manuel, jeune Américain venu en Allemagne pour retrouver la trace de ses ancêtres et apprendre leur langue, vous allez vous aussi apprendre l'allemand en prenant appui sur votre connaissance de l'anglais et sur l'expérience que vous avez déjà dans l'apprentissage d'une langue.

Vous allez suivre une classe d'élèves allemands de Weimar en visite à Francfort, découvrir ainsi la Foire internationale du livre et les auberges de jeunesse, puis vous irez en classe avec eux, en compagnie de David, avant de suivre ce dernier à Bremerhaven, d'où sont partis tant d'Allemands pour le Nouveau Monde.

Vous les aiderez à résoudre quelques énigmes, vous serez amenés à jouer leur rôle. Vous aiderez David à retrouver la branche de sa famille restée en Allemagne. Pour ce faire, vous utiliserez un outil : la langue allemande. Vous apprendrez ainsi à l'utiliser pour comprendre et vous exprimer, c'est-à-dire pour communiquer.

Par moments, vous serez invités à prendre du recul, pour observer comment fonctionne cet outil, mais aussi pour découvrir des stratégies de compréhension et de mémorisation. Nous avons fait en sorte que votre connaissance de l'anglais vous aide dans ce travail, grâce auquel vous développez des compétences qui vous faciliteront l'accès à d'autres langues.

En début de chapitre, un programme d'apprentissage vous sera proposé ; en fin de chapitre, vous pourrez faire le point de vos acquis. Nous vous aiderons à vous situer sur l'échelle des niveaux de compétences fixée pour toutes les langues européennes par le *Cadre européen commun de référence pour les langues*. Celles et ceux d'entre vous qui ont déjà utilisé le *Portfolio européen des langues* sont familiarisés avec ces niveaux, les autres se familiariseront vite.

Vous voici actrice et acteur de votre apprentissage de l'allemand. Votre professeur vous aidera. Apprendre l'allemand demande des efforts – comme tout apprentissage – mais ce n'est pas aussi compliqué que d'aucuns le prétendent. Par le jeu des découvertes et en mesurant vos progrès pas à pas, vous prendrez plaisir à apprendre.

Bon départ avec Zusammen !

Les auteurs

Zusammen
Mode d'emploi

Voici comment

Double-page d'ouverture

Le thème du chapitre (1er titre) est illustré par une photo.

La question-titre te met sur la voie de l'intrigue.

Les objectifs abordés dans le chapitre te sont présentés.

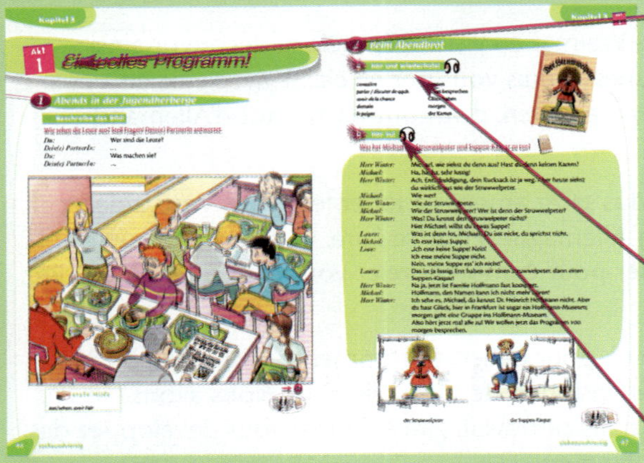

Akte

Trois actes, constitués d'activités donnant lieu à la réalisation de tâches d'écoute, de production orale, de lecture…, composent un chapitre et te font progresser dans l'avancée du scénario.

a Hör und wiederhole!

Écoute et répète les mots indispensables à la compréhension du dialogue qui suit.

b Hör zu!

Tu vas écouter un document sonore.

Du hast das Wort!

Pour t'exprimer ou jouer, avec un camarade, le rôle d'un personnage de l'histoire.

→ GD renvoi au point de grammaire abordé dans le dialogue ou l'activité.

Was hat Michael mit Struwwelpeter und Suppen-Kaspar zu tun?
Pour répondre à cette question, reporte-toi à ton cahier d'activités.

→ Merk dir das! rubrique d'observation de la langue que compléteras avec l'aide de ton professe

s'organisent les chapitres de ton livre :

Grammatik

Des explications et des exemples tirés des documents que tu viens d'écouter ou de lire pour te faire comprendre le fonctionnement de la langue.
Tu t'entraîneras avec des exercices en contexte.

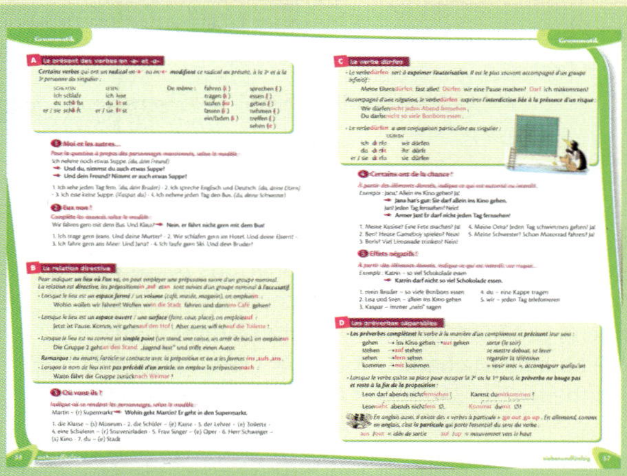

Lauter Laute!

Pour t'entraîner à reconnaître les sons, à bien les prononcer et à accentuer les mots correctement.

Wortschatz

Des activités pour t'aider à mémoriser le vocabulaire de différentes manières.

Je fais le point

Pour faire le point sur ce que tu as appris tout au long du chapitre.

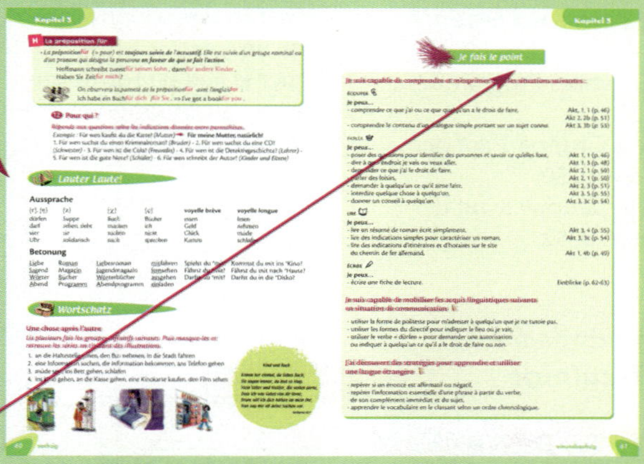

Double-page de civilisation

Pour te faire découvrir l'environnement et la vie quotidienne de jeunes Allemands de ton âge.

Sprachbrücken : des activités de rapprochement entre les langues.

des stratégies pour te guider et t'aider dans ton apprentissage de la langue.

SPRACHBRÜCKEN	*LAUTER LAUTE!*	*EINBLICKE*	*STRATÉGIES*
• L'expression de l'appartenance en anglais et en allemand • Les nombres jusqu'à 19 en anglais et en allemand	• Le h aspiré [h] • Le *ich*-Laut [ç] • Le [ɐ] syllabique • La diphtongue [aɪ] • Le son [j] • Voyelles longues / voyelles brèves • Accent de mot, accent de phrase	**Frankfurt am Main,** p. 24-25	• Repérer une question pour anticiper sur la réponse • S'aider de la ressemblance des mots avec le français ou l'anglais • Apprendre le vocabulaire en le classant par paires ***(Wortschatz)***
• L'expression de la capacité et de la volonté en anglais et en allemand • La forme des déterminatifs possessifs en anglais et en allemand	• Les diphtongues [ai], [au] et [ɔy] • L'opposition [h] / [ʔ] (*h* aspiré - coup de glotte) • L'opposition voyelle longue / voyelle brève : [oː] / [ɔ] et [iː] / [ɪ] • Le son [ŋ] • Accent de mot, accent de phrase	**Jugendherbergen,** p. 42-43	• S'imprégner du contexte pour anticiper sur le sens d'un texte • Repérer ce qui appartient à un homme ou une femme • Apprendre le vocabulaire sous forme d'expressions à l'infinitif ***(Wortschatz)***
• Les verbes à préverbe séparable en allemand et les verbes à particule en anglais • La forme de politesse en allemand, en anglais et en français • Les prépositions *für* en allemand et *for* en anglais	• Les sons [r] et [ɐ̯] • Le son [z] à l'initiale • L'opposition [χ] / [ç] (*ach*-Laut / *ich*-Laut) • L'opposition voyelle brève / voyelle longue • Accent de mot, accent de phrase	**Deutschland – Leseland,** p. 62-63	• Repérer si un énoncé est affirmatif ou négatif • Repérer l'information essentielle d'une phrase • Apprendre le vocabulaire en le classant selon un ordre chronologique ***(Wortschatz)***
• L'expression de la quantité imprécise en allemand et en anglais	• Opposition voyelle longue / voyelle brève : [yː] / [ʏ], [uː] / [ʊ], [oː] / [ɔ], [aː] / [a], [iː] / [ɪ] • Accent de phrase	**Feste feiern,** p. 82-83	• Repérer le type d'énoncé et comprendre l'intention de communication • Repérer l'élément accentué dans un énoncé interrogatif • Apprendre le lexique en cachant ou en découvrant un dessin ***(Wortschatz)***
• Les prépositions *zu* et *bei* en allemand et *to* et *at* en anglais • Les prépositions *an* et *in* en allemand et *on* et *in* en anglais	• L'assourdissement des consonnes [g] → [k] [b] → [p] [d] → [t] • Le son [n̩] syllabique • Le son [ʃp] et [ʃt] • Accent de mot, accent de phrase, accent de groupe	**Schule ein bisschen anders...,** p. 102-103	• Repérer les différentes manières de désigner une personne • Apprendre le vocabulaire en le reliant à la situation d'utilisation ***(Wortschatz)***
• Le déterminatif interrogatif *welch-* et l'anglais *which* • Le prétérit des verbes *sein* et *haben* • Le système des verbes forts en allemand et en anglais	• Le son [ɛ] • Le son [ɪ] • L'opposition [ʃ] / [ç] • Le son [ɛç] • Le son [j] • Accentuation de certains composés, accent de phrase	**Von einem Ort zum anderen...,** p. 120-121	• Répéter l'information reçue pour se l'approprier • Prendre appui sur les indications de temps et de lieu dans un récit • Apprendre le lexique en prenant appui sur la mémoire visuelle ***(Wortschatz)***

Unsere Freunde in Weimar

Ingrid Eschbach

Sybille Eschbach

Martin Eschbach

Jonathan Eschbach

Leon

Hannah

Laura

Sevgi

Jonas

Steffi

Weimar: eine Stadt mitten in der Natur

Sie haben in Weimar gelebt: Johann Wolfgang von Goethe und Friedrich Schiller

Das Rathaus

Goethehaus am Frauenplan

Objectifs

Dans ce chapitre, tu vas apprendre

→ *à comprendre et à t'exprimer*

- saluer quelqu'un
- présenter une personne et se présenter soi-même
- désigner un objet en indiquant son possesseur
- indiquer la présence ou l'absence d'un objet

→ *à observer comment fonctionne la langue*

- le présent des verbes *sein* et *haben* et des verbes faibles au singulier
- la négation avec *nicht* et *nicht mehr*
- le groupe nominal indéfini
- la 2e place du verbe dans l'énoncé déclaratif

en la comparant à d'autres langues

- l'expression de l'appartenance en anglais et en allemand
- les nombres jusqu'à 19

→ *à connaître les pays germanophones*

la ville de Francfort sur le Main

Kapitel 1

Willkommen in Frankfurt!

Das fängt ja gut an!

Akt 1 Hallo! Guten Tag!

1 Wie heißt du?

JH Frankfurt – Haus der Jugend

Zentrale Lage am Mainufer in Sachsenhausen mit Skylineblick
10 Minuten zur City
S-Bahn 2-6 Bus 46
Straßenbahn 14
Preis: 14 - 25,6 €

Deutschherrnufer 12 - 60594 Frankfurt/Main
Tel: (0 69) 61 00 15-0 - Fax: (0 69) 61 00 15 99

a Hör und sprich nach!

Laura:	Hallo, ich heiße Laura.
Du:	Hallo, ich heiße Laura.

b Du hast das Wort!

LehrerIn:	Ich heiße Herr … / Frau … Und du?
SchülerIn 1:	Ich heiße … Und du?
SchülerIn 2:	Ich heiße … Und du?

→ GA

2 Herzlich willkommen!

a Hör zu!

Wer spricht? Wer sagt was?

Der Lehrer:	Guten Tag, Frau Müller-Heine. Ich heiße Wolfgang Winter. Ich bin der Lehrer. Hier ist die Schülerliste, bitte.
Die Herbergsmutter:	Danke schön, Herr Winter. So, guten Tag und herzlich willkommen! Ich bin Frau Müller-Heine, die Herbergsmutter. Und du? Wer bist du?
Leon:	Ich bin der Leon.
Die Herbergsmutter:	Und du? Wie heißt du?
Jonas:	Ich heiße Jonas.
Die Herbergsmutter:	Und du? Wie ist dein Name?
Sevgi:	Mein Name ist Sevgi.
Steffi:	Und ich bin die Steffi!

→ GB

b Du hast das Wort!

LehrerIn:	Wer bist du?
SchülerIn 1:	Ich bin …
LehrerIn:	Und du? Wie ist dein Name?
SchülerIn 2:	Mein Name ist …
LehrerIn:	Und du? Wie heißt du?
SchülerIn 3:	Ich heiße …

Stratégie 1

→ Merk dir das!

3 Zimmer vier oder Zimmer fünf?

a Hör und sprich nach!

Frau Müller-Heine:	Haus A: Zimmer eins, zwei, drei.
Du:	Haus A: Zimmer eins, zwei, drei.

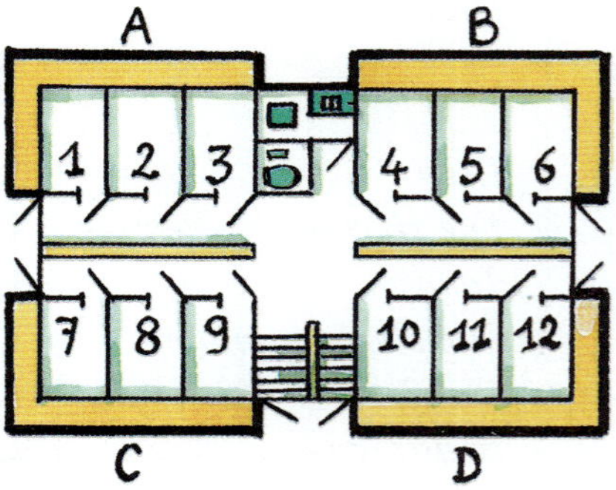

b Hör zu!

Wer ist in Zimmer 1, in Zimmer 2... ?

c Du hast das Wort!

Herr Winter will die Zimmernummern notieren. Du bist Frau Müller-Heine.

Herr Winter:	Wo ist Jonas?
Du:	Er ist in Zimmer 7.
Herr Winter:	Wo ist Hannah?
Du:	Sie ist in Zimmer 12.

Merk dir das!

Akt 2 Der Rucksack ist weg

1 So ein Chaos!

1 - (r) Koffer
2 - (r) Pass
3 - (r) Rucksack
4 - (r) Kalender
5 - (r) Kuli
6 - (r) Schal
7 - (r) Discman

8 - (s) Notizheft
9 - (s) Buch
10 - (s) Portemonnaie
11 - (s) Handy
12 - (s) Taschentuch

13 - (e) Jacke
14 - (e) Reisetasche
15 - (e) Telefonkarte
16 - (e) Sonnenbrille
17 - (e) Kappe
18 - (e) Postkarte
19 - (e) CD

→ GC

→ GD

a Hör und sprich nach!

Nummer eins ist ein Koffer.
Nummer zwei ist ein Pass.

b Du hast das Wort!

Frau Müller-Heine macht Ordnung. Du bist Frau Müller-Heine, dein(e) PartnerIn ist ein(e) SchülerIn aus der Gruppe.

→ GE

Du: He du, ist das deine Reisetasche?
Dein(e) PartnerIn: Nein, das ist Leons Reisetasche.
Du: Und das, ist es dein Handy?
Dein(e) PartnerIn: Nein, ...

→ Merk dir das!

2 Ein Problem?

a Hör und wiederhole!

Qu'est-ce qui se passe ?	Was ist los?	*Regarde !*	Schau mal!
Qu'est-ce qui a disparu ?	Was ist weg?	*dire*	sagen

b Hör zu!

Wer hat ein Problem?

Herr Winter: Also, alles okay, Leute?
Ein paar Schüler: Ja, Herr Winter!
Hannah: Nein, Herr Winter…
Herr Winter: Was ist denn los, Hannah?
Hannah: Leon…, Leon hat ein Problem.
Herr Winter: Was ist denn los, Leon?
Leon: Tja, meine Kappe ist weg!
Herr Winter: Ach ja, Leon und seine Kappe! Und du, Michael? Hast du auch ein Problem?
Michael: Ja, ich habe auch ein Problem. Na ja, … hm, … mein Rucksack ist nicht mehr hier. … Er, … er ist weg.
Herr Winter: Was sagst du? Dein Rucksack ist weg?!
Michael: Ja, mein Rucksack! Mein Rucksack ist nicht hier. Mein Rucksack ist weg!
Herr Winter: Was denn? Hier ist doch dein Rucksack, schau mal!
Michael: Nein, das ist nicht mein Rucksack, das ist David Hoffmanns Rucksack!
Herr Winter: Was? David Hoffmanns Rucksack?… David Hoffmann? Wer ist denn David Hoffmann?

→ GF

c Du hast das Wort!

Du bist ein(e) SchülerIn aus der Gruppe und dein(e) PartnerIn ist Frau Müller-Heine. Siehe Seite 15.

Du: Hallo, ich bin Steffi. Ich habe ein Problem, mein Notizheft ist weg.
Dein(e) PartnerIn: Ein Problem? Nein, du hast kein Problem. Dein Notizheft ist nicht weg. Schau mal hier!
Du: Ach ja, danke, Frau Müller-Heine!
Dein(e) PartnerIn: Bitte!

Steffi → Notizheft Leon → Kappe	Jonas → Schal

d Hör und wiederhole!

la carte d'identité, l'attestation	der Ausweis
l'appareil photo	der Fotoapparat, die Kamera
le plan de ville	der Stadtplan

e Du hast das Wort!

Was ist in Davids und nicht in Michaels Rucksack? Du bist Michael.

Du: In meinem Rucksack ist ein Kalender, aber da ist kein Kalender.
In meinem Rucksack ist auch …, aber da ist …

→ GD GG

A Les pronoms personnels et la conjugaison du verbe au présent

• *Les pronoms personnels – qui désignent* ***les personnes qui communiquent*** *– sont :*

ich	*pour désigner la personne qui parle*
du	*pour désigner la personne à qui on s'adresse*

• *Pour désigner* ***la personne dont on parle****, on emploie :*

er	*pour désigner les êtres de sexe masculin*
sie	*pour désigner les êtres de sexe féminin*

• *À l'infinitif, tous les verbes se terminent par la marque* **-en**.

sagen *(= dire)* *radical :* **sag-**

Le présent de l'indicatif se forme sur le radical de l'infinitif, avec les marques de personne suivantes :

1re personne	**-e**	Ich sage „Guten Tag!"
2e personne	**-st**	Was sagst du?
3e personne	**-t**	Er sagt „Hallo!"
		Sie sagt „Hi!"

1 Comparons !

Réagis à ce que te disent tes nouveaux amis en te servant des indications données entre parenthèses.

Exemple : Ich sage „Hallo!".
→ **Du sagst „Hallo!" und ich sage « Bonjour ! ».**

1. Ich sage „Hallo!" (« *Bonjour !* ») - 2. Ich heiße Petra. (*Nathalie*) - 3. Ich heiße Michael. (*Pierre*) - 4. Ich sage „Ja!" (« *Oui !* ») - 5. Ich sage „Bis gleich!" (« *À bientôt !* »)

B Le verbe *sein*

Le verbe **sein** *(= être) a une conjugaison irrégulière :*

ich **bin**	Ich **bin** Laura!
du **bist**	Wer **bist** du?
er / sie **ist**	Mein Name **ist** Schmidt.

2 Faire connaissance !

Écoute l'enregistrement, prends la place de chaque personnage et demande l'identité de ton/ta partenaire.

Exemple : Katja → **Ich bin Katja! Und du, wer bist du?**

1. Hannah - 2. Jana - 3. Lisa - 4. Anna - 5. Heiko - 6. Sonja - 7. Jens - 8. Johann - 9. Florian - 10. Jutta - 11. Tina - 12. Sascha

3 Indiquer le bon numéro !

Réponds aux questions posées en indiquant la chambre et le bâtiment.

Exemples : Wo ist Jens? (8/C) → **Er ist in Zimmer 8, Haus C.**
Wo ist Laura? (10/D) → **Sie ist in Zimmer 10, Haus D.**

1. Wo ist Tina? (11/D) - 2. Wo ist Martin? (3/A) - 3. Wo ist Michael? (2/A) - 4. Wo ist Jonas? (7/C) - 5. Wo ist Jana? (10/D) - 6. Wo ist Hannah? (12/D) - 7. Wo ist Leon? (4/B) - 8. Wo ist Sonja? (10/D)

C Le genre des noms

- *Il y a **trois genres** en allemand : le masculin, le neutre et le féminin.*
  *Les noms qui désignent des **êtres humains** ont un genre grammatical qui correspond au sexe naturel. (Sauf les noms qui désignent le bébé, l'enfant et la fillette, qui sont neutres.)*
  *Les noms qui désignent des **choses** peuvent être des trois genres.*
  L'article défini **d-** *porte la **marque du genre** :*

masculin :	der Lehrer, der Mann, der Vater	der Rucksack, der Discman
neutre :	das Baby, das Kind, das Mädchen	das Zimmer, das Handy, das Buch
féminin :	die Lehrerin, die Frau, die Mutter	die Liste, die Jacke

- *Cette marque sert à indiquer le genre du nom dans une liste :*
  (r) Rucksack, Koffer, Kalender (s) Buch, Heft, Portemonnaie (e) Jacke, Kappe, Reisetasche

4 Le bon genre...

Reconnais le genre des noms suivants :
1. Lehrer - 2. Cousin - 3. Tante - 4. Frau - 5. Herr - 6. Baby - 7. Dame - 8. Cousine - 9. Chef - 10. Mutter - 11. (s) Heft - 12. (s) Buch - 13. (e) Liste - 14. (r) Koffer - 15. (e) Tasche - 16. (e) Reisetasche - 17. (s) Handy - 18. (r) Kalender

D Identifier un objet : le groupe nominal indéfini

- *Pour désigner **un exemplaire d'une classe** d'objets donnée, on emploie l'article indéfini* **ein**.
  La forme du féminin est **eine**.
  Lorsqu'on veut identifier un objet ou en mentionner la présence, on peut faire précéder le groupe nominal indéfini de **„das ist"** *(= c'est) ou* **„hier ist"** *(= il y a, voici) :*

Das ist ein Schal.	Das ist eine Kappe.
Das ist ein Buch.	Das ist eine Telefonkarte.
Hier ist ein Koffer.	Hier ist eine Reisetasche.

L'anglais utilise des formes analogues :

Das ist eine Tasche. → This is a bag.
Hier ist ein Buch. → Here is a book.

- *Au contraire, lorsqu'il s'agit de mentionner l'absence d'un exemplaire de la classe d'objets donnée, on emploie l'article négatif* **kein**. *La forme du féminin est* **keine**.

Hier ist kein Rucksack.	Hier ist keine Jacke. (= *il n'y a pas de...*)
Hier ist kein Handy.	Hier ist keine Telefonkarte.

5 Désigner des choses et des personnes...

Voici plusieurs objets et personnes, désigne-les.

1. 2. 3. 4. 5. 6. 7. 8. 9. 10.

6 Aux objets (non-)trouvés...

Réponds aux demandes par la négative ou par l'affirmative, selon le modèle :

Exemples : ~~Rucksack~~? → **Nein, hier ist kein Rucksack!**
Jacke? → **Ja, hier ist eine Jacke!**

1. ~~Kappe~~? - 2. Handy? - 3. Reisetasche? - 4. ~~Koffer~~? - 5. Kalender? - 6. ~~Buch~~? - 7. Postkarte?

E La relation d'appartenance

- *Pour exprimer* ***l'appartenance*** *d'un objet à une personne, on peut employer un nom* ***précédé du nom propre de la personne à qui cet objet appartient****. Le nom de la personne est alors* ***marqué par un -s****, qui exprime la relation d'appartenance :*

Leons Reisetasche Steffis Notizheft

Ce n'est que lorsque le nom propre se termine déjà par un « s » qu'on emploie le signe « ' » :

Jonas' Koffer Boris' Rucksack

L'anglais emploie la même construction *avec un marquage légèrement différent :*

Mike's bag Mum's glasses

- *La relation d'appartenance peut aussi être exprimée par* ***un déterminatif possessif*** *:*

mein, *qui désigne la personne qui parle :* Das ist mein Handy. Das ist meine Jacke.
dein, *qui désigne la personne à qui on s'adresse :* Das ist dein Rucksack. Das ist deine Kappe.

7 Retrouver les propriétaires...

Tu connais bien ton petit monde : indique à la mère aubergiste à qui sont les objets qui se trouvent dans le hall.

Exemples : Und die Kappe? *(Leon)* → **Das ist Leons Kappe!**
Und das Handy? *(ich)* → **O danke!... Das ist mein Handy!**

1. Und das Heft? *(Stefanie)* - 2. Und der Koffer? *(Laura)* - 3. Und die Jacke? *(ich)* - 4. Und der Kalender? *(Hannah)* - 5. Und der Rucksack? *(David)* - 6. Und das Portemonnaie? *(ich)*

F Le verbe *haben*

Le verbe haben *(= avoir) a une conjugaison irrégulière au singulier :*

ich habe	Ich habe ein Problem.
du hast	Du hast ein Problem?!
er / sie hat	Leon hat auch ein Problem.

8 Qui possède quoi ?

Précise la personne qui possède l'objet recherché.

Exemple : ein Handy? *(Herr Winter)* → **Herr Winter hat ein Handy.**

1. eine Tefefonkarte? *(Sevgi)* - 2. ein Notizheft? *(Hannah)* - 3. eine CD? *(Leon)* - 4. eine Reisetasche? *(ich)* - 5. ein Wörterbuch? *(Michael)* - 6. ein Handy? *(ich)*

G L'énoncé déclaratif : la 2e place du verbe

• *L'énoncé* ***déclaratif****, qui consiste à déclarer quelque chose, est caractérisé par la* ***2e place du verbe conjugué****.*

Lauras Freundin	heißt	Sevgi.
Ich	heiße	Michael.
Hier	ist	meine Klasse.
In meinem Rucksack	ist	ein Discman.
Da	ist	aber kein Discman.
Mein Rucksack	ist	weg!

• ***La première place de l'énoncé****, devant le verbe conjugué, n'est pas forcément occupée par le sujet ; elle peut l'être par* ***une indication de lieu****.*

9 Où sont nos affaires ?

Forme des énoncés déclaratifs selon le modèle :

Exemple : mein Rucksack, in Haus A → **Mein Rucksack ist in Haus A.**

1. Janas Fotoapparat, im Rucksack - 2. Michaels Kalender, hier - 3. Lauras Portemonnaie, weg - 4. Michaels Discman, im Rucksack - 5. Hannahs Jacke, im Bus - 6. Sevgis Koffer, in Haus D - 7. deine Reisetasche, in Haus C - 8. meine Tasche, auch in Haus C

10 Que contiennent leurs bagages ?

Forme des énoncés déclaratifs selon le modèle :

Exemple : in Hannahs Tasche, ein Fotoapparat → **In Hannahs Tasche ist ein Fotoapparat.**

1. in Leons Rucksack, eine Kappe - 2. in Michaels Rucksack, ein Discman - 3. in Steffis Tasche, eine Sonnenbrille - 4. in Sevgis Koffer, ein Schal - 5. in Hannahs Reisetasche, ein Buch - 6. in Davids Rucksack, ein Stadtplan von Frankfurt

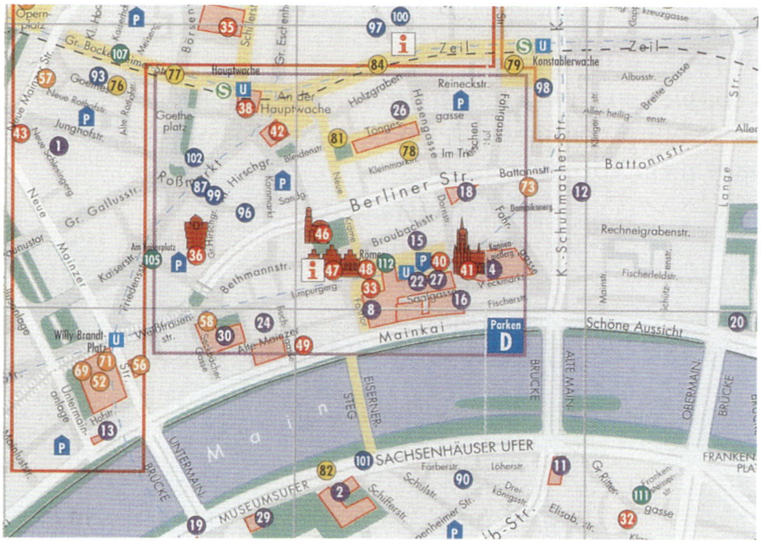

der Stadtplan von Frankfurt

Lauter Laute!

Aussprache

[h]	[ɐ]	[ai]	[j]	[ç]	voyelle brève [ɔ, a, ʊ]	voyelle longue [oː, aː, uː]
heiße	Schüler	ein	Jonas	ich	Koffer	Telefon
hier	Lehrer	Heike	ja	Michael	Kappe	Schal
Herr	Müller	heiße		nicht	Pass	Tag
habe	Zimmer	kein			Stadt	Plan
Hallo	Kalender	zwei			Bus	Buch

Betonung

Laura, Stefanie, Leon, Jonas
Reisetasche, Telefonkarte, Postkarte
Rucksack, Stadtplan, Fotoapparat
Kalender, Problem, Notizheft

Guten °Tag!
Hier ist ein °Kuli!
°Danke schön!
Bis °gleich!

Mein °Handy ist weg!
Nein, dein Handy ist °hier!
°Ich heiße °Jonas. Und °du, wie °heißt du?

Wortschatz

1 Les deux font la paire...

a. *Reconstitue les couples en choisissant un nom de la liste suivante :*
(e) Frau, (e) Lehrerin, (e) Mutter, (e) Partnerin, (e) Schülerin

(r) Herr
(r) Vater
(r) Lehrer
(r) Schüler
(r) Partner

b. *Relis-les à haute voix en indiquant les articles définis (ex. :* **der Herr und die ...**).

2 Jamais l'un sans l'autre...

Reconstitue les couples en choisissant un mot de la liste suivante :
bitte, eine Schultasche, eine CD, ein Film, eine Klasse, ein Kuli, eine Jugendherbergsmutter, sagen, haben, ein Vorname

ein Lehrer und ...
ein Schüler und ...
ein Discman und ...
ein Notizheft und ...
eine Jugendherberge und ...

eine Kamera und ...
ein Name und ...
danke und ...
sein und ...
hören und ...

Fischladen

- Morgen!
- Morgen!
- Fisch?
- Morgen!
- Morgen?
- Morgen!
- Morgen!

Je fais le point

Je suis capable de comprendre et m'exprimer dans les situations suivantes :

ÉCOUTER

Je peux...

- comprendre l'identité de quelqu'un, Akt 1, 1 (p. 12)
- comprendre les questions que l'on me pose sur mon identité, Akt 1, 2 (p. 13)
- comprendre les nombres de 1 à 12, Akt 1, 3 (p. 14)
- repérer des informations précises dans un dialogue. Akt 2, 2b (p. 16)

PARLER

Je peux...

- saluer un ami ou un adulte en utilisant la bonne formule, Akt 1, 1 (p. 12)
- dire qui je suis, spontanément et/ou en réponse à une question, Akt 1, 2b (p. 13)
- donner un renseignement sur le lieu où se trouve une personne, Akt 1, 3c (p. 14)
- dire à qui appartient un objet. Akt 2, 1b (p. 15)

LIRE

Je peux...

- repérer certaines informations sur un prospectus en faisant des rapprochements avec l'anglais, Akt 1, 1 (p. 12)
- comprendre les légendes d'une carte postale en prenant appui sur la photo et sur l'anglais, Einblicke (p. 24-25)
- comprendre le texte simple d'une carte postale en prenant appui sur la photo. Einblicke (p. 24-25)

ÉCRIRE

Je peux...

- écrire une carte postale simple en prenant appui sur un modèle. Einblicke (p. 24-25)

Je suis capable de mobiliser les acquis linguistiques suivants en situation de communication

- utiliser un verbe au présent pour parler de moi et désigner une personne ou un objet,
- utiliser l'article adéquat pour désigner un objet ou l'absence d'un objet,
- utiliser les formes qui permettent d'exprimer l'appartenance.

J'ai découvert des stratégies pour apprendre et utiliser une langue étrangère

- anticiper sur une réponse en repérant une question, Akt 1, 2a
- essayer de comprendre des mots inconnus en m'aidant de leur ressemblance avec le français ou l'anglais, Akt 1, 1
- apprendre le vocabulaire en le classant par paires. Wortschatz

Einblicke

1. **Schau dir die Ansichtskarten an!**
2. **Lies Leonies Karte!**
3. **Schreib eine Karte an eine Freundin oder an einen Freund!**

Stratégie 2

Europäische Zentralbank
European Central Bank
Alte Oper / *Old Opera House*
Am Mainufer / *Along the Main river*

Familie Kemper
...erstraße 10
...71 Hannover

Frankfurt am Main
der Römer: Altes Rathaus
City's town hall

Frau Maria Lau
Preziosastraße 14

91927 München

Frankfurt am Main

Auf der Zeil / *Zeil street*
Naturmuseum Senckenberg / *Senckenberg Nature Museum*
Goethes Geburtshaus / *Goethe House*

Lieber Onkel Wolfgang, liebe Tante Sophie,

Ich bin für vier Tage in Frankfurt am Main mit meiner Klasse und habe ein super Programm: eine Schifffahrt auf dem Main, der Palmengarten, das Naturmuseum Senckenberg (und die Dinosaurier!) und Goethes Geburtshaus. Die Sonne scheint, und es ist warm... ideales Wetter.

Jetzt gehe ich auf die Zeil, shoppen!! Meine Finanzen? Kein Problem! Hier in Frankfurt sind viele Banken, und ich habe meine Kreditkarte...

Viele Grüße

Leonie

Sophie + Wolfgang Weber

Werderstraße 14

69120 Heidelberg

Objectifs

Dans ce chapitre, tu vas apprendre

→ *à comprendre et à t'exprimer*

- demander ou indiquer l'origine, l'âge et l'adresse de quelqu'un
- poser des questions pour identifier une personne, une chose, un lieu
- faire des suppositions plus ou moins fortes
- dire ce qu'on veut faire ou ce dont on est capable
- répondre au téléphone

→ *à observer comment fonctionne la langue*

- l'énoncé interrogatif
- le groupe nominal défini en fonction de sujet et d'objet
- le groupe infinitif
- la conjugaison des verbes au pluriel

en la comparant à d'autres langues

- l'expression de la volonté et de la capacité en anglais et en allemand
- la forme des déterminatifs possessifs en anglais et en allemand

→ *à connaître les pays germanophones*

quelques grandes villes allemandes

Kapitel 2

Unter Freunden

Wie kann Michael seinen Rucksack finden?

Akt 1 Wer ist David Hoffmann?

1 In der Jugendherberge

a Hör und wiederhole!

Wie heißt sie? Wo wohnt sie? Wie alt ist er?

b Hör zu!

Andere Jugendliche in der Jugendherberge stellen sich vor.

c Du hast das Wort!

SchülerIn A ist ein(e) SchülerIn aus Frankfurt.
SchülerIn B kommt aus einer anderen Stadt.

SchülerIn A: Hallo, wer bist du?
SchülerIn B: Ich bin …

SchülerIn A: Woher kommst du?
SchülerIn B: Ich komme aus …

SchülerIn A: Wie alt bist du?
SchülerIn B: Ich bin …

→ GA

2 Ein Ausweis und ein altes Foto

In Davids Rucksack sind ein Ausweis und ein altes Foto.

a Lies die Informationen!

Deutsches Jugendherbergswerk
D-32754 Detmold
www.jugendherberge.de

YOUTH HOSTELLING INTERNATIONAL

Familienname/Surname	HOFFMANN
Vorname/Christian Name	DAVID
Wohnort/Residence	HANOVER, USA

Geburtsdatum/Date of birth
26/01/1986

Gültig bis Ende 2008

b Schau dir Davids Foto an!

Beschreibe die Szene!

ein Schiff

Davids Foto

c Hör zu!

Was fragt Herr Winter? Was antwortet Hannah?

Hannah:	Schaut mal, da ist noch ein Foto!
Herr Winter:	Wer ist auf dem Foto? Ich habe meine Brille nicht, ich sehe ja nichts.
Hannah:	Moment, da sind eins, zwei, drei, vier, fünf, sechs Leute: zwei Frauen, ein Mann und ein Kind, und noch ein Mann und ein Mädchen.
Herr Winter:	Wie sehen sie aus? Alt oder jung?
Hannah:	Zwei sind alt und die anderen sind jung.
Herr Winter:	Was machen die Leute da?
Hannah:	Sie sind in einem Café. Ein Mann ist allein, er hat eine Zeitung in der Hand. Die anderen trinken etwas.
Michael:	Wo ist das wohl? In Amerika?
Hannah:	Das weiß ich nicht! Moment mal! Da steht „Kolonialwaren" an der Fassade!
Michael:	Herr Winter, „Kolonialwaren" ist das Englisch? Was heißt das auf Deutsch?

Merk dir das!

3 Deutschland ist groß

a Hör und wiederhole!

aujourd'hui	heute	*Quelle chambre ?*	Welches Zimmer?
maintenant	jetzt	*Je ne le sais pas.*	Ich weiß es nicht.
chercher	suchen		

b Hör zu!

Was erfährt Michael bei Frau Müller-Heine?

Michael:	Frau Müller-Heine!
Frau Müller-Heine:	Ja, bitte, was ist los?
Michael:	Ich habe ein Problem, ich suche David Hoffmann.
Frau Müller-Heine:	Wie bitte?
Michael:	David Hoffmann, H, O, Doppel-F, M, A, Doppel-N. Welches Zimmer hat er denn?
Frau Müller-Heine:	David Hoffmann? Moment, ich schaue im Computer nach. David Hoffmann, ach ja, David Hoffmann. Er wohnt nicht mehr hier. Er ist heute weg.
Michael:	Was! Er ist weg?! O Gott! Und wo ist er jetzt?
Frau Müller-Heine:	Ich weiß es nicht, Deutschland ist groß. Weißt du, David kommt aus Amerika und will eine Deutschlandtour machen.
Michael:	O je, o je! Wie mache ich das jetzt?

Merk dir das!
Stratégie 3

4 Was ist in Deutschland zu sehen?

a Schau dir die Fotos an und wiederhole!

Hamburg
der Hafen

Berlin
das Brandenburger Tor

Köln
der Dom

Potsdam
das Schloss Sanssouci

Dresden
die Oper

Heidelberg
die Alte Brücke

Stuttgart
der Zoo „Wilhelma"

München
das Olympiastadion

b Hör zu und reagiere!

Wo kann David jetzt sein? Du bist Michael und reagierst auf Frau Schäfers Hypothesen.

Frau Schäfer:	Vielleicht ist David in Hamburg?
Du:	Ja, vielleicht. In Hamburg ist der Hafen interessant.

erste Hilfe

sehr schön - interessant - berühmt - bekannt

→ GB

c Du hast das Wort!

Was interessiert David in Deutschland? Du bist Michael, dein(e) PartnerIn antwortet.

Du:	In Hamburg ist der Hafen interessant.
Dein(e) PartnerIn:	Ja klar, David will bestimmt den Hafen sehen.

erste Hilfe

den Dom fotografieren - das Museum, die Oper besuchen - den Hafen sehen - das Schloss besichtigen

→ GB GC

Akt 2 Wie kann Michael David finden?

1 Der Rucksack ist aber voll!

Schau und sprich!

Was findet Michael im Rucksack?

(e) Deutschlandkarte

(r) Kalender

(r) Prospekt von Köln

(r) Stadtplan von Berlin

(s) Kursprogramm der Universität Freiburg

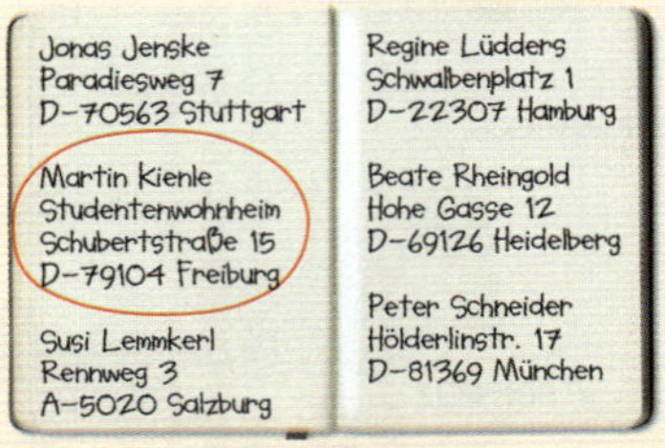

(s) Adressbuch

(s) Konzertprogramm von Dresden

Du: Michael findet eine Deutschlandkarte.
Er findet auch einen Kalender.

→ GE

2 Indizien in Davids Adressbuch

Du hast das Wort!

Wo kann David wohl sein?

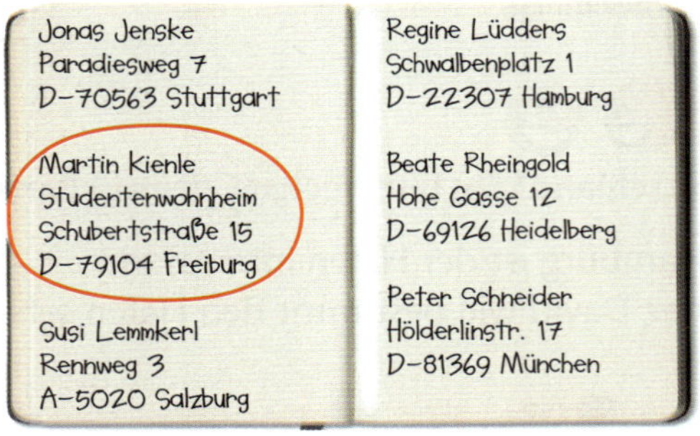

Laura: Schau mal, sein Adressbuch hier.
David hat einen Freund in Freiburg: Vielleicht ist er jetzt in Freiburg!
Du: Ja, aber er hat auch eine Freundin in …

3 Was kann Michael tun?

Du hast das Wort!

Hannah ist sehr freundlich. Sie will Michael helfen. Du bist Hannah.

Du: Da hast du mein Handy. Du kannst seinen Freund Martin in Freiburg anrufen. Du kannst auch …

erste Hilfe

(e) Polizei - (e) Jugendherberge - (r) Freund / (e) Freundin - Eltern (pl.)

→ GD GE

4 Michael hat Glück

Hör zu!

Welche Informationen bekommt Michael?

Der Herbergsvater: Jugendherberge Freiburg, Christian Koch, guten Tag.

Michael: Guten Tag, Herr Koch, mein Name ist Michael Eschbach…, ich suche einen David Hoffmann.

Der Herbergsvater: Moment mal, David Hoffmann, ein Amerikaner?

Michael: Ja.

Der Herbergsvater: Ja, er wohnt hier. Aber er hat ein Problem und ist im Moment bei der Polizei.

Michael: Schön!

Der Herbergsvater: Was? Er hat ein Problem und du sagst: schön!

Michael: Nein, nein, aber Davids Problem ist nicht nur sein Problem. Es ist ja auch mein Problem. Ich habe seinen Rucksack und er hat meinen Rucksack. Kann er mich bitte anrufen? Meine Handynummer ist 01 72 96 084 35.

Der Herbergsvater: Moment, ich verstehe nicht ganz, aber ich notiere deine Nummer. Kannst du bitte wiederholen?

Michael: 0-1-7-2-9-6-0-8-4-3-5

Der Herbergsvater: Danke schön!

Michael: Danke auch! Auf Wiederhören!

Der Herbergsvater: Wiederhören!

→ Merk dir das!

Akt 3 Wie können Michaels Freunde mithelfen?

1 Sein Handy oder ihr Handy?

Hör zu und lies die Bildgeschichte mit!

***das heißt:** *cela veut dire*

→ GF

2 Was ist da so lustig?

Stratégie 4

a Hör und wiederhole!

rire	lachen
amusant	lustig
grave	schlimm
bête, idiot	blöd
d'abord	zuerst
ensuite	dann

b Hör zu!

Wer macht was?

→ GG GB

c Rekapituliere!

Was wollen Laura, Michael und Leon jetzt machen?

Du: Zuerst wollen Laura, Michael und Leon …
Dann …
Danach …

3 Zum Glück sind die Freunde da!

a Hör und wiederhole!

Schulsachen

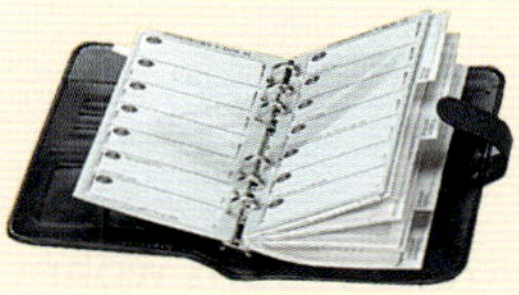
(r) Kalender

(r) Kuli

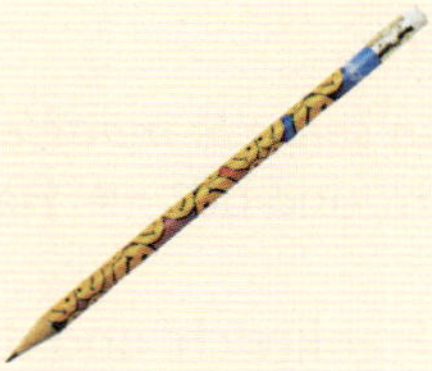
(r) Bleistift

(r) Radiergummi

(r) Klebstift

(r) Zettel

(s) Heft

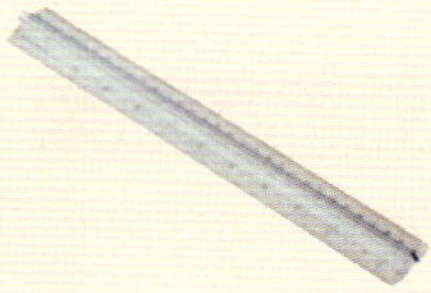
(s) Lineal

(e) Schere

(e) Kassette

b Hör zu und reagiere!

Michael fragt seine Freunde. Du bist Sevgi oder Leon.

Michael: Habt ihr einen Kuli für mich?
Sevgi: Tut mir Leid, ich habe keinen Kuli für dich.
Leon: Ja natürlich, hier ist ein Kuli für dich… Bitte!
Michael: Danke!

A L'énoncé interrogatif

- *Pour **interroger globalement** sur un fait, on emploie un énoncé qui commence par le verbe conjugué :*

  Ist David Hoffmann da?
  Kommst du aus Deutschland?
  Hast du ein Problem?

- *Pour **interroger partiellement** sur une personne, une chose, un lieu, etc., on emploie un énoncé qui commence par un mot interrogatif (suivi du verbe conjugué) :*

- interroger sur une personne :	Wer ist David?
- interroger sur une chose ou une action :	Was ist los? / Was macht Leon?
- interroger sur un lieu :	Wo ist mein Rucksack?
- interroger sur une origine :	Woher kommst du?
- interroger sur une manière de faire, une qualité :	Wie mache ich das?
	Wie ist die Jugendherberge?

1 L'un et l'autre...

Formule la question selon le modèle :
Ich habe ein Problem, und du? → **Hast du auch ein Problem?**

1. Ich komme aus Frankreich, und du? - 2. Hannah ist da, und Petra? - 3. Boris wohnt in Leipzig, und Jens? - 4. David ist Amerikaner, und du?

2 Quand on n'entend pas bien...

... il faut savoir poser la bonne question ! Interroge sur les informations qui manquent :
Exemple : Sevgi kommt aus xxxxxxx. → **Wie bitte? Woher kommt Sevgi?**

1. Johann wohnt in xxxxxx. - 2. Und xxxxxxx wohnt in Berlin! - 3. Der Lehrer hat ein xxxxxxx. - 4. David kommt aus xxxxxx.

B Le groupe nominal défini en fonction de sujet et d'objet

- *Lorsque le groupe nominal est en **fonction de sujet ou d'attribut** (« nominatif »), l'article défini a la forme suivante :*

  Der Dom ist berühmt.
  Das Museum ist interessant.
  Die alte Brücke ist schön.

-r, -s et -e sont les marques du nominatif.

- *Lorsque le groupe nominal est **complément d'objet** (« accusatif »), l'article prend une forme différente au masculin :*

David	fotografiert	den Dom.
Er	besucht	das Museum.
Er	fotografiert	die alte Brücke.

-n, -s et -e sont les marques de l'accusatif.

3 Monsieur Knips, un touriste très actif !

Décris ce qui se passe selon le modèle :

Oper - schön → **Die Oper ist schön.**
Brücke - fotografieren → **Herr Knips fotografiert die Brücke.**

1. Schloss - schön – 2. Hafen - interessant – 3. Oper - besuchen – 4. Dom - fotografieren – 5. Museum - berühmt – 6. Museum - besuchen – 7. Brücke - fotografieren – 8. Hafen - besichtigen

C Le groupe infinitif

Le groupe infinitif est constitué d'un verbe à l'infinitif, ***précédé*** *d'un ou plusieurs compléments :*

aus °Wien kommen	intere°ssant sein
in °Frankfurt wohnen	ein Pro°blem haben
den °Dom fotografieren	°wieder ein Problem haben

4 Assemblage...

Associe les mots ou groupes numérotés avec un verbe à l'infinitif pour en faire des groupes infinitifs et lis-les à haute voix en respectant l'accentuation.

1. interessant - 2. aus Wien - 3. in Jena - 4. ein Problem - 5. die Altstadt - 6. ein Museum
a. besuchen - b. fotografieren - c. haben - d. wohnen - e. sein - f. kommen

D Les verbes *wollen* et *können*

Les verbes **wollen** *(volonté) et* **können** *(possibilité) ont une conjugaison particulière au singulier :*

WOLLEN	KÖNNEN
ich will∅	ich kann∅
du willst	du kannst
er / sie will∅	er / sie kann∅

Ils sont le plus souvent complétés par un groupe infinitif :

In Hamburg will er den °Hafen sehen!
Willst du deine °Freundin anrufen?
Du kannst hier ein °Foto machen!

En anglais, les modaux will *et* can *ont un emploi similaire :*
I will do it! → *Je le ferai. (J'ai la volonté de le faire.)*
I can do it! → *Je peux le faire. (J'en suis capable.)*

5 De bonnes intentions !

À partir des indications données, interroge-toi sur ce que chacun projette de faire.

Exemple : eine Tante besuchen *(Jens)* → **Will Jens eine Tante besuchen?**

1. die Altstadt besichtigen *(Herr Guckmann)* - 2. den Lehrer fotografieren *(du)* - 3. eine Deutschlandtour machen *(die Klasse)* - 4. das Stadion sehen *(du)* - 5. im Computer nachschauen *(Frau Heine)*

6 Ce qui est possible...

Formule des suggestions sur ce que chacun peut faire.

Exemple : im Computer nachschauen *(du)* → **Du kannst ja im Computer nachschauen!**

1. die Polizei anrufen *(der Lehrer)* - 2. im Telefonbuch suchen *(du)* - 3. im Internet suchen *(Laura)* - 4. die Jugendherberge in Freiburg anrufen *(Frau Heine)* - 5. deine Freundin fragen *(du)*

E Le groupe nominal indéfini en fonction d'objet

• *Lorsque le* ***groupe nominal indéfini*** *est* ***complément d'objet*** *d'un verbe, l'article* **ein-** *porte la marque* **-n** *au masculin :*

Michael findet	einen Prospekt.
Er findet	ein Adressbuch.
Er findet	eine Kappe.

• *Le même marquage se trouve pour l'article négatif* kein- *:*

Michael hat	keinen Kalender.
Er hat	kein Handy.
Er hat	keine Telefonkarte.

7 On ne trouve pas toujours ce qu'on voudrait acheter...

Indique ce que les personnes trouvent ou ne trouvent pas.

Exemple : Tina: (e) Kappe / (+) → **Tina findet eine Kappe.**
Ben: (s) Adressbuch / (–) → **Ben findet kein Adressbuch.**

1. Jana: (e) Kassette / (+) - 2. der Lehrer: (s) Buch / (+) - 3. Leon: (r) Schreibblock / (+) - 4. Michael: (e) CD / (–) - 5. Laura: (e) Sonnenbrille / (–) - 6. Hannah: (r) Stadtplan / (–)

F Les déterminatifs possessifs

À la 3**^e^ **personne, *le choix du déterminatif possessif dépend du genre du possesseur :*

• *lorsque le* ***possesseur est masculin,*** *le possessif est* **sein-** *:*

Michael sucht sein Handy.

• *lorsque le* ***possesseur est féminin,*** *le possessif est* **ihr-** *:*

Und Hannah? Hast du ihre Nummer?

Cette distinction selon le genre du possesseur existe aussi en anglais :
(my brother) → his book (my sister) → her book

Les déterminatifs qui renvoient aux trois personnes du singulier sont donc :

1re personne :		**mein-**
2e personne :		**dein-**
3e personne	*poss. masc. :*	**sein-**
	poss. fém. :	**ihr-**

Les déterminatifs possessifs au singulier ont ***le même marquage que ein-*** *:*

	NOMINATIF (sujet)	ACCUSATIF (objet)
masc.	Wo ist sein Pulli?	Michael ruft seinen Freund an.
neutre	Das ist nicht mein Problem!	David sucht sein Adressbuch.
fém.	Ist es deine Telefonnummer?	Ich suche meine Brille.

8 Soyons précis...

Confirme qui est le propriétaire des objets suivants.

Exemple : Ist es Hannahs Pulli? *(ja)* → **Ja, es ist ihr °Pulli!**
Ist es Leons Kappe? *(nein)* → **Nein, es ist °nicht seine Kappe!**

1. Ist es Michaels Rucksack? *(nein)* - 2. Ist es Hannahs Handy? *(ja)* - 3. Ist es Lauras Adressbuch? *(nein)* - 4. Ist es Jens' Jacke? *(ja)* - 5. Ist es Herrn Winters Sonnenbrille? *(nein)*

9 Désordonnés...

Décris ce que les personnes ne trouvent plus.

Exemple : ich: (r) Kuli → **Ich finde meinen Kuli nicht!**

1. Frau Heine: (e) Liste - 2. Leon: (e) Postkarte - 3. Franziska: (s) Handy - 4. Lea: (r) Pullover - 5. Boris: (r) Kalender - 6. Ingrid: (s) Wörterbuch

G La conjugaison du verbe au pluriel

La conjugaison des verbes au pluriel est régulière (sauf pour le verbe sein*), les* ***pronoms et les marques de personne*** *sont les suivants :*

1re pers.	Wir kommen aus Frankreich, wir wollen Deutsch lernen.
2e pers.	Ihr habt ein Handy, ihr könnt telefonieren!
3e pers.	Sie wohnen in Deutschland, sie können Deutsch sprechen.

Les verbes de modalité wollen *et* können *ont un pluriel régulier :*

Wir	woll**en**	Wir	könn**en**
ihr	woll**t**	ihr	könn**t**
sie / Sie	woll**en**	sie / Sie	könn**en**

Le verbe sein *a les formes suivantes :*

1re pers.	Wir sind da.
2e pers.	Ihr seid auch da.
3e pers.	Sie sind nicht da.

10 Tous concernés...

Lis les phrases suivantes en employant les verbes entre parenthèses à la bonne forme.

1. Die Klasse ... aus Weimar. *(kommen)* - 2. ... du auch 14? *(sein)* - 3. Wir ... eine Deutschlandtour machen. *(wollen)* - 4. ... ihr mitkommen? *(wollen)* - 5. ... ihr einen Plan? *(haben)* - 6. Laura und Leon ... blöd! *(sein)* - 7. Sie ... und ... die Situation lustig. *(lachen - finden)* - 8. Die Situation ... vielleicht nicht so lustig. *(sein)* - 9. ... du eine Cola trinken? *(wollen)* - 10. O ja, Cola ... ich gern! *(trinken)* - 11. Alle Kinder ... gern Cola! *(trinken)*

die Jugendherberge in Frankfurt

Lauter Laute!

Aussprache

[ai]	[au]	[ɔy]	[h]	[ʔ]	[oː]	[ɔ]	[iː]	[ɪ]	[ŋ]
weiß	Haus	neun	Haus	aus	wohnen	Koffer	notieren	in	Danke!
vielleicht	Laura	heute	woher	er	Dom	komme	fotografieren	bin	Frankreich
drei	Frau	Freund	heute	in	Oper	kommst	vier	bist	jung
Freiburg	auch	Freundin	Hamburg	Uhr	Foto	wollen	hier	Brille	trinken
Polizei		Deutschland	Hafen	alt			Berlin	Kinder	
		Leute	Heft	elf			Wien	sind	

Betonung

Er ist vielleicht in °Hamburg. Vielleicht will er den °Hafen sehen.
Oder er ist in °Köln und will den °Dom fotografieren!
Hat er ein Pro°blem? Ja, aber das ist nicht nur °sein Problem, das ist auch °mein Problem!

Wortschatz

Tant à faire !

a. *Constitue le maximum de groupes infinitifs. Cache la deuxième colonne et retrouve les verbes grâce aux illustrations.*

Deutsch	anrufen
einen Freund	notieren
einen Kuli	verstehen
ein Wort	suchen
ein Foto	hören
eine Telefonnummer	sehen

1 2 3 4 5 6

b. *Épelle les prénoms de ces personnages et indique leur âge et leur ville d'origine.*

Wolfgang	17	Köln
Uwe	5	Düsseldorf
Michael	14	Wien
Jana	19	Weimar
Bärbel	12	Bern
Sevgi	13	Ankara

A, B, C, D, E, F, G ...
H, I, J, K, L, M, N O, P ...
Q, R, S, T, U, V, W ...
X, Y und Z
Jetzt kann ich das Alphabet!
W. A. Mozart

Je fais le point

Je suis capable de comprendre et m'exprimer dans les situations suivantes :

ÉCOUTER

Je peux...

- comprendre des questions sur mon identité, mon adresse, mon âge,	Akt 1, 1a (p. 28)
- comprendre un dialogue simple portant sur des personnes et ce qu'elles font,	Akt 1, 2c (p. 29)
- comprendre l'indication de l'endroit où se trouve quelqu'un,	Akt 1, 4a-b (p. 31)
- comprendre qui fait quoi dans une conversation où il est question de plusieurs personnes,	Akt 3, 2b (p. 34)
- comprendre si une personne a l'objet que je lui demande.	Akt 3, 3b (p. 35)

PARLER

Je peux...

- dire et/ou répondre à des questions sur mon identité, mon adresse et mon âge,	Akt 1, 1b (p. 28)
- demander si une personne que je cherche est là,	Akt 1, 3b (p. 30)
- donner un conseil à quelqu'un,	Akt 2, 3 (p. 33)
- demander un objet dont j'ai besoin,	Akt 3, 3b (p. 35)
- dire à quelqu'un que je n'ai pas l'objet qu'il me demande,	Akt 3, 3b (p. 35)
- dire que je ne sais pas et/ou demander à quelqu'un de m'expliquer un mot que je ne comprends pas.	Akt 2, 2c (p. 29)

LIRE

Je peux...

- repérer les informations essentielles sur un prospectus,	Einblicke (p. 42-43)
- comprendre une adresse (rue, ville),	Akt 2, 2 (p. 32)
- comprendre une petite bande dessinée,	Akt 3, 1 (p. 34)
- comprendre un petit texte informatif simple.	Einblicke (p. 42-43)

ÉCRIRE

Je peux...

- remplir un formulaire avec mon nom, mon adresse, ma nationalité, mon âge.	Einblicke (p. 42-43)

Je suis capable de mobiliser les acquis linguistiques suivants en situation de communication

- poser une question globale,
- utiliser le mot interrogatif qui convient pour obtenir des renseignements sur une personne, une chose, un lieu, une origine ou une manière de faire,
- utiliser les verbes « wollen » pour indiquer ce que je veux faire et « können » pour indiquer ce dont je suis capable,
- utiliser les formes de l'accusatif pour indiquer l'objet d'une action,
- utiliser les possessifs qui conviennent pour indiquer à qui appartient un objet.

J'ai découvert des stratégies pour apprendre et utiliser une langue étrangère

- prendre appui sur le contexte (l'illustration) pour anticiper sur le contenu d'une conversation,	Akt 1, 3b
- prendre appui sur les formes différentes de possessifs pour repérer ce qui appartient à un homme/garçon ou une femme/fille,	Akt 3, 1
- apprendre le vocabulaire sous forme d'expressions à l'infinitif.	Wortschatz

Einblicke

1. Schau dir die Fotos an!
2. Such dir eine Jugendherberge in Deutschland aus!
3. Fülle den Meldeschein aus!

Wer ist dieser Mann?
Das ist Richard Schirmann, ein Lehrer. Die Jugendherbergen sind seine Idee.
Die erste Jugendherberge ist fast hundert Jahre alt.

Auf dem Poster steht „DJH". Das bedeute „**D**eutsches **J**ugend**h**erbergswerk".
Jugendherbergen: ideal für Klassenfahrten und für Privatreisen.
Willst du eine Deutschlandtour machen, dann klick auf die Adresse:
www. jugendherberge.de
Da kannst du 600 Jugendherbergen finden

Eine Burg, ein Leuchtturm, ein Schiff, das sind originelle Plätze für Jugendherbergen.

Dort können Schulklassen und Jugendgruppen essen und übernachten.

Deutsches Jugendherbergswerk
Landesverband

DJH

Meldeschein
Registrationform / Fiche

BITTE VOM GAST NUR DEN STARK UMRANDETEN TEIL **DEUTLICH** UND IN **BLOCKSCHRIFT** AUSFÜLLEN !
Please fill in this box only. (Use capital letters)
Partie à remplir par le hôte. (En lettres majuscules)

Familienname / Surname / Nom de famille: HOFFMANN

Vorname / Christian Name / Prénom: DAVID

Geburtst./Date of birth / Date de naissance: 260186

Geburtsort / Place of birth / Lieu de naissance: HANOVER

Straße, Hausnummer / Street, number / Rue, Numéro: 28 SOUTH MAIN STREET

Postleitzahl / ZIP/Postal Code / Code postal: 03755

Wohnort / Residence / Domicile: HANOVER (NH)

Staatsangehörigkeit / Nationality / Nationalité: US AMERIKANISCH

Ankunftstag / Day of arrival / Date d'arrivée: 280905

Abreise / Day of departure / Date de départ: 021005

Zahl der Nächte / Number of nights / Nombre de nuits: 4

Zahl der Gäste / Number of guests / Nombre de passagers: 1

Unterschrift / Signature / Signature: D. HOFFMANN

Die Hausordnung sowie sonstige Hinweise werden mit der Anmeldung anerkannt.
I hereby acknowledge the hostel rules and other regulations.
Je reconnais le règlement intérieur de l'auberge en m'inscrivant.

Objectifs

Dans ce chapitre, tu vas apprendre

➜ *à comprendre et à t'exprimer*

- décrire l'apparence physique de quelqu'un
- indiquer le lieu où l'on se rend
- exprimer l'autorisation et l'interdiction

➜ *à observer comment fonctionne la langue*

- le présent des verbes forts en *-e-* et *-a-*
- la relation directive
- le verbe *dürfen*
- les pronoms personnels à l'accusatif
- le pluriel des noms

en la comparant à d'autres langues

- les verbes à préverbe séparable en allemand et les verbes à particule en anglais
- la forme de politesse en allemand, en anglais et en français
- les prépositions *für* en allemand et *for* en anglais

➜ *à connaître les pays germanophones*

- la Foire internationale du livre de Francfort
- la littérature de jeunesse : *Der Struwwelpeter, Emil und die Detektive*

Kapitel 3

Jung sein und lesen!?

Wie sieht das Programm in Frankfurt aus?

Akt 1 Ein volles Programm!

1 Abends in der Jugendherberge

Beschreibe das Bild!

Wie sehen die Leute aus? Stell Fragen! Dein(e) PartnerIn antwortet.

Du:	Wer sind die Leute?
Dein(e) PartnerIn:	…
Du:	Was machen sie?
Dein(e) PartnerIn:	…

erste Hilfe

aus/sehen: *avoir l'air*

GA

2 Beim Abendbrot

a Hör und wiederhole!

connaître	kennen
parler / discuter de qqch.	etwas besprechen
avoir de la chance	Glück haben
demain	morgen
le peigne	der Kamm

b Hör zu!

Was hat Michael mit Struwwelpeter und Suppen-Kaspar zu tun?

Herr Winter:	Michael, wie siehst du denn aus? Hast du denn keinen Kamm?
Michael:	Ha, ha, ha, sehr lustig!
Herr Winter:	Ach, Entschuldigung, dein Rucksack ist ja weg. Aber heute siehst du wirklich aus wie der Struwwelpeter.
Michael:	Wie wer?
Herr Winter:	Wie der Struwwelpeter.
Michael:	Wie der Struwwelpeter? Wer ist denn der Struwwelpeter?
Herr Winter:	Was? Du kennst den Struwwelpeter nicht!? Hier Michael, willst du etwas Suppe?
Laura:	Was ist denn los, Michael? Du isst nicht, du sprichst nicht.
Michael:	Ich esse keine Suppe.
Leon:	„Ich esse keine Suppe! Nein! Ich esse meine Suppe nicht. Nein, meine Suppe ess' ich nicht!"
Laura:	Das ist ja lustig: Erst haben wir einen Struwwelpeter, dann einen Suppen-Kaspar!
Herr Winter:	Na ja, jetzt ist Familie Hoffmann fast komplett.
Michael:	Hoffmann, den Namen kann ich nicht mehr hören!
Herr Winter:	Ich sehe es, Michael, du kennst Dr. Heinrich Hoffmann nicht. Aber du hast Glück, hier in Frankfurt ist sogar ein Hoffmann-Museum; morgen geht eine Gruppe ins Hoffmann-Museum. Also hört jetzt mal alle zu! Wir wollen jetzt das Programm von morgen besprechen.

der Struwwelpeter

der Suppen-Kaspar

3 Das Programm für die Projektarbeit

Du hast das Wort!

Morgen haben die drei Gruppen ein volles Programm. Der Lehrer gibt Informationen. Du bist der Lehrer.

Du: Die Gruppe 1 geht zuerst in den Kaufhof und … . Dann …

erste Hilfe

nehmen (i)	lesen (ie)
fahren (ä)	treffen (i)

Gruppe 1

in den Kaufhof gehen / einen Film kaufen

die U-Bahn nehmen / in die Stadt fahren

ins Heinrich-Hoffmann-Museum gehen

an die Kasse gehen / eine Gruppenkarte kaufen

Informationen über Heinrich Hoffmann lesen / eine kleine Reportage machen

Gruppe 2 und Gruppe 3

die Straßenbahn Nummer 5 Richtung Buchmesse nehmen

auf die Buchmesse gehen

Gruppe 2

in die Halle 5 gehen / das Diskussionspodium suchen

einen Buchautor treffen

Gruppe 3

an den Stand von DTV (Deutscher Taschenbuch Verlag) gehen

einen Verleger treffen

→ GB

4 Michael hat einen anderen Plan

a Du hast das Wort!

Michael will nicht mitmachen. Was macht Michael?

Du: Michael fährt in die Stadt. Aber er geht nicht in …, er geht …

(e) Haltestelle

(r) Supermarkt

(s) Internetcafé

(e) Telefonsäule

b Du hast das Wort!

Michael besucht auch die Homepage www.bahn.de. Wohin will er fahren? Was meinst du?

Du: Er will bestimmt nicht nach Paris fahren! Vielleicht will er nach Freiburg fahren.

~~Paris~~

~~Stuttgart~~

~~Rom~~

~~London~~

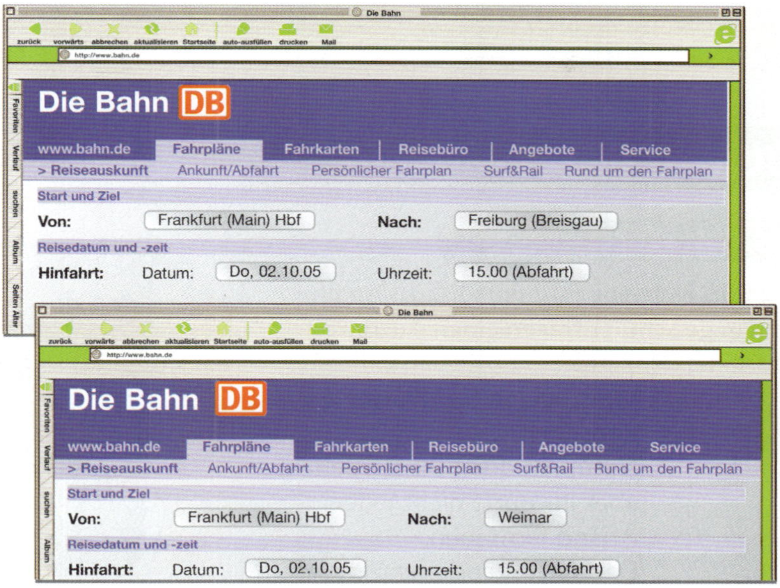

Dresden

München

Köln

Berlin

Merk dir das!

5 Und die Lehrer?

a Schau und erzähle!

Die Lehrer haben auch ein Programm.

Du: Die Lehrer sind müde. Sie gehen in die Jugendherberge.

müde sein

(e) Cafeteria

(s) Eis

Akt 2 Mit Gruppe 2 auf der Buchmesse

1 Die Jugend liest zu wenig

Du hast das Wort!

Die Gruppe 2 hört sich eine Podiumsdiskussion über das Lesen an. Einige Schüler fragen einen Autor. Dein(e) LehrerIn ist der Autor.

Du:	Was meinen Sie? Dürfen wir fernsehen?
Dein(e) LehrerIn:	Natürlich dürft ihr fernsehen, aber ihr dürft nicht jeden Abend fernsehen.
Du:	Darf ich Jugendmagazine lesen?
Dein(e) LehrerIn:	...

erste Hilfe

jeden Abend: *tous les soirs* - jeden Tag: *tous les jours*
nur am Wochenende: *uniquement le week-end* - zu viel(e): *trop*

fern/sehen (ie)

fantastische Literatur, Zeitungen, Liebesromane, Detektivgeschichten, Jugendmagazine lesen (ie)

Comics lesen

lesen und Radio hören
Technomusik hören

ins Kino gehen

Videospiele machen
Gameboy spielen

→ GC
→ Merk dir das!

2 Wie ist es bei Michael und seinen Freunden?

a Schau, hör und wiederhole!

mit/fahren (ä)

mit/spielen

aus/gehen

Freunde ein/laden (ä)

auf/stehen

→ GD

b Hör zu!

Ein Journalist befragt die Gruppe aus Weimar über ihre Hobbys und ihre Lektüren. Wer liest? Wer hat viel Freiheit?

Stratégie 5

Journalist: Wie ist es bei dir, Sevgi? Liest du gern? Deutsch oder Türkisch?
Sevgi: Deutsch lesen ist kein Problem, aber Türkisch kann ich nur sprechen und nicht lesen.
Journalist: Was machst du in deiner Freizeit?
Sevgi: Ich sehe fern, ich gehe auch ins Kino. Aber ich darf nur am Samstag oder am Sonntag ins Kino gehen. Meine deutschen Freundinnen gehen in die Disko. Das darf ich nicht. Aber Laura und Hannah darf ich einladen, sie bringen Kassetten mit und zu Hause dürfen wir tanzen.

c Hör zu und antworte!

Merk dir das!

Autoritäre oder coole Eltern? Was lassen die Eltern zu?

Sprecher: Darf Sevgi ins Kino gehen?
Du: Ja, ihre Eltern lassen sie ins Kino gehen.

→ GE

d Rekapituliere!

Du: Leon geht oft aus.
Sevgi nimmt Freunde nach Hause mit. Sie lädt manchmal Freundinnen ein.

erste Hilfe

nie: *jamais* - manchmal: *parfois* - oft: *souvent* - immer: *toujours*

3 Wie ist es in deiner Klasse?

Du hast das Wort!

Frag deine(n) PartnerIn. Liest er / sie?

Du: Liest du gern?
Dein(e) PartnerIn: Ja / Nein, ich ...
Du: Darfst du jeden Tag ... ?

Akt 3 Mit Gruppe 3 auf der Buchmesse

1 Interview mit einem Verleger

Du hast das Wort!

Die Gruppe 3 diskutiert mit einem Buchverleger und stellt Fragen.

Du:	Haben Sie Zeit?
Der Verleger:	Natürlich. Fragt nur!

erste Hilfe

viel Zeit haben - viele Jugendbücher verkaufen - oft in Schulen gehen
Autoren persönlich kennen - Schulklassen einladen - Interviews geben

→ GF

2 Besuch bei einem Buchhändler

erste Hilfe

viele Regale - die Wörterbücher - die Prospekte - die Romane - die Broschüren

Hör zu!

Die Gruppe 3 befragt einen Buchhändler. Was verkauft er?

3 Interview mit einem Buchhändler

a Hör und wiederhole!

le conseil	*der Tipp*
être contre	*dagegen sein*

b Hör zu!

Sind Heinrich Hoffmanns moralische Geschichten noch aktuell? Die Gruppe 3 befragt noch einen anderen Buchhändler.

Schüler: Herr Bachmann, ist für Sie der *Struwwelpeter* von Dr. Heinrich Hoffmann noch aktuell?

Buchhändler: Also, für mich ist das Buch interessant. Im 19. Jahrhundert oder heute: Die Konflikte zwischen Eltern und Kindern sind immer noch aktuell. Die Mädchen wollen nichts essen, oder sie essen nur Hamburger und Pommes. Die Jungen haben komische Jeans oder extravagante Frisuren, und die Eltern sind dagegen…

Schüler: Aber finden Sie die Moral von Heinrich Hoffmann nicht zu extrem?

Buchhändler: Doch! Für die Jugend von heute und für die Eltern ist dieses Modell wirklich zu autoritär und zu brutal.

Schüler: Haben Sie einen guten Lesetipp für uns?

Buchhändler: Klar habe ich einen Lesetipp für euch! Schaut mal bei Erich Kästner!

→ GG

„Die Geschichte vom Suppen-Kaspar", *Der Struwwelpeter oder lustige Geschichten und drollige Bilder für Kinder von 3 bis 6 Jahren*, von Dr. Heinrich Hoffmann, 1845

C Hör zu und reagiere!

Du bist der Buchhändler und gibst Lesetipps.

Frau Schäfer: Laura interessiert sich für Detektivgeschichten.

Du: Ja, schauen Sie mal! *Emil und die Detektive*, das ist etwas für sie!

Der Indianer Winnetou und Old Shatterhand- Freunde fürs Leben!

Pippi Langstrumpf
Abenteuer, Abenteuer, Abenteuer…

Das Wunder von Bern
Ein Junge, ein Traum, ein Fußball.

Harry Potter
Eine Reise in die Welt der Fantasie…

Asterix und die Goten
Ein Klassiker unter den Comics!

→ GH

4 Parole Emil

Lies mal!

Strategie 6

Wer ist Emil? Was passiert auf der Reise nach Berlin? Erzähle!

Das Buch...

Die Geschichte spielt 1928. Emil Tischbein (12) und seine Mutter wohnen in Dresden. Er hat keinen Vater mehr. Seine Mutter ist Friseurin. Sie haben wenig Geld[1]. Emil liebt[2] seine Mutter, will immer helfen, ist gut in der Schule.

Eines Tages lädt seine Großmutter ihn ein. Sie wohnt in Berlin. Emils Mutter lässt ihn allein[3] nach Berlin fahren.
Er nimmt Geld für die Großmutter mit.
Im Zug[4] schläft er, und weg ist das Geld!
Jetzt beginnen die Probleme: allein in Berlin, kein Geld, keine Freunde. Aber schnell findet Emil eine Clique[5]. Die Kinder helfen Emil und finden den Dieb[6] und das Geld wieder[7]. Das zeigt[8]: solidarisch sein wie die drei Musketiere, also, einer für alle und alle für einen.

... der Film

1. wenig Geld: *peu d'argent* – 2. lieben: *aimer* – 3. allein: *seul* – 4. (r) Zug: *le train* – 5. (e) Clique: *la bande de copains* – 6. (r) Dieb: *le voleur* – 7. etwas wiederfinden: *retrouver quelque chose* – 8. zeigen: *montrer*

5 Ich mach's wie Emil!

a Du hast das Wort!

Was will Michael tun? Du bist eine Freundin und reagierst.

Michael: Ich verlasse die Gruppe.
Du: Du darfst die Gruppe nicht verlassen.

allein den Zug nehmen

allein nach Freiburg fahren

zu David gehen

b Was meinst du?

Fährt Michael nach Freiburg?

A Le présent des verbes en *-e-* et *-a-*

Certains verbes *qui ont un* ***radical*** *en* **-a-** *ou en* **-e-** ***modifient*** *ce radical au présent, à la 2e et à la 3e personne du singulier :*

SCHLAFEN	LESEN	De même :		
ich schlafe	ich lese		fahren (ä)	sprechen (i)
du schläfst	du liest		tragen (ä)	essen (i)
er / sie schläft	er / sie liest		laufen (äu)	geben (i)
			lassen (ä)	nehmen (i)
			ein/laden (ä)	treffen (i)
				sehen (ie)

1 Moi et les autres...

Pose la question à propos des personnages mentionnés, selon le modèle :

Ich nehme noch etwas Suppe. *(du, dein Freund)*

→ **Und du, nimmst du auch etwas Suppe?**

→ **Und dein Freund? Nimmt er auch etwas Suppe?**

1. Ich sehe jeden Tag fern. *(du, dein Bruder)* - 2. Ich spreche Englisch und Deutsch. *(du, deine Eltern)* - 3. Ich esse keine Suppe. *(Kaspar, du)* - 4. Ich nehme jeden Tag den Bus. *(du, deine Schwester)*

2 Eux non !

Complète les énoncés selon le modèle :

Wir fahren gern mit dem Bus. Und Klaus? → **Nein, er fährt nicht gern mit dem Bus!**

1. Ich trage gern Jeans. Und deine Mutter? - 2. Wir schlafen gern im Hotel. Und deine Eltern? - 3. Ich fahre gern ans Meer. Und Jana? - 4. Ich laufe gern Ski. Und dein Bruder?

B La relation directive

Pour indiquer ***un lieu où l'on va****, on peut employer une préposition suivie d'un groupe nominal.*
La relation est ***directive****, les prépositions* **in**, **auf** *et* **an** *sont suivies d'un groupe nominal* ***à l'accusatif****.*

- *Lorsque le lieu est un* ***espace fermé*** */ un* ***volume*** *(café, musée, magasin), on emploie* **in** *:*

  Wohin wollen wir fahren? Wollen wir in die Stadt fahren und dann ins Café gehen?

- *Lorsque le lieu est un* ***espace ouvert*** */ une* ***surface*** *(foire, cour, place), on emploie* **auf** *:*

  Jetzt ist Pause. Komm, wir gehen auf den Hof! Aber zuerst will ich auf die Toilette!

- *Lorsque le lieu est vu comme un* ***simple point*** *(un stand, une caisse, un arrêt de bus), on emploie* **an** *:*

  Die Gruppe 2 geht an den Stand „Jugend liest" und trifft einen Autor.

Remarque : *au neutre, l'article se contracte avec la préposition et on a les formes :* **ins**, **aufs**, **ans**.

- *Lorsque le nom de lieu n'est* ***pas précédé d'un article****, on emploie la préposition* **nach** *:*

  Wann fährt die Gruppe zurück nach Weimar?

3 Où vont-ils ?

Indique où se rendent les personnages, selon le modèle :

Martin – (r) Supermarkt → **Wohin geht Martin? Er geht in den Supermarkt.**

1. die Klasse – (s) Museum - 2. die Schüler – (e) Kasse - 3. der Lehrer – (e) Toilette - 4. eine Schülerin – (r) Souvenirladen - 5. Frau Singer – (e) Oper - 6. Herr Schweiger – (s) Kino - 7. du – (e) Stadt

C Le verbe *dürfen*

• *Le verbe **dürfen** sert à **exprimer l'autorisation**. Il est le plus souvent accompagné d'un groupe infinitif :*

Meine Eltern dürfen fast alles! Dürfen wir eine Pause machen? Darf ich mitkommen?

*Accompagné d'une négation, le verbe **dürfen** exprime l'**interdiction liée à la présence d'un risque** :*

Wir dürfen nicht jeden Abend fernsehen.
Du darfst nicht so viele Bonbons essen.

• *Le verbe **dürfen** a une conjugaison particulière au singulier :*

DÜRFEN

ich	darfø	wir	dürfen
du	darf**st**	ihr	dürft
er / sie	darfø	sie	dürfen

4 Certains ont de la chance !

À partir des éléments donnés, indique ce qui est autorisé ou interdit.

Exemple : Jana? Allein ins Kino gehen? Ja!
→ **Jana hat's gut: Sie darf allein ins Kino gehen.**
Jan? Jeden Tag fernsehen? Nein!
→ **Armer Jan! Er darf nicht jeden Tag fernsehen!**

1. Meine Kusine? Eine Fete machen? Ja!
2. Ben? Heute Gameboy spielen? Nein!
3. Boris? Viel Limonade trinken? Nein!
4. Meine Oma? Jeden Tag schwimmen gehen? Ja!
5. Meine Schwester? Schon Motorrad fahren? Ja!

5 Effets négatifs !

À partir des éléments donnés, indique ce qui est interdit car risqué...

Exemple : Katrin – so viel Schokolade essen
→ **Katrin darf nicht so viel Schokolade essen.**

1. mein Bruder – so viele Bonbons essen
2. Lisa und Sven – allein ins Kino gehen
3. Kaspar – immer „nein" sagen
4. du – eine Kappe tragen
5. wir – jeden Tag telefonieren

D Les préverbes séparables

• ***Les préverbes complètent** le verbe à la manière d'un complément et **précisent** leur sens :*

gehen	→ ins Kino gehen → **aus**gehen	*sortir (le soir)*
stehen	→ **auf**stehen	*se mettre debout, se lever*
sehen	→ **fern**sehen	*regarder la télévision*
kommen	→ **mit**kommen	*« venir avec », accompagner quelqu'un*

• *Lorsque le verbe quitte sa place pour occuper la 2e ou la 1re place, le **préverbe ne bouge pas et reste à la fin de la proposition** :*

Leon darf abends nicht fernsehen! → Leon sieht abends nicht fern Ø.

Kannst du mitkommen? → Kommst du mit Ø?

En anglais aussi, il existe des « verbes à particule » : **go out**, **go up**. *En allemand, comme en anglais, c'est la **particule** qui porte l'essentiel du sens du verbe :*

aus / out = *idée de sortie*　　auf / up = *mouvement vers le haut*

6 Le vouloir, le pouvoir et… le faire !

Réponds aux questions selon le modèle :
Will Michael seinen Freund einladen? → **Ja, und er lädt seinen Freund auch ein!**

1. Darf Leon heute Abend fernsehen?
2. Wollen Michaels Eltern heute ausgehen?
3. Kann Sevgi ihre Freundinnen einladen?
4. Darf Leon mitspielen?
5. Kann Mutti heute die Zeitung mitbringen?

7 Est-ce vraiment ainsi ?

Pose des questions selon le modèle :
Jana? Heute mitkommen? → **Kommt Jana heute wirklich mit?**

1. Jan? Heute mitmachen?
2. Hannah? Am Samstag ausgehen?
3. Deine Eltern? Alle deine Freunde einladen?
4. Lisa? Jeden Abend fernsehen?
5. Du? Am Sonntag mitfahren?

E Les pronoms personnels à l'accusatif

*Les pronoms personnels à l'**accusatif (fonction d'objet)** ont la forme suivante :*

		SINGULIER	PLURIEL
1re pers.		**mich**	**uns**
2e pers.		**dich**	**euch**
3e pers.	*masc.*	**ihn**	**sie / Sie**
	neutre	**es**	
	fém.	**sie**	

Meine Eltern lassen mich nicht jeden Tag fernsehen.
Da kommt Frau Winter! Kennst du sie?
Jens hat Glück: Seine Eltern lassen ihn immer fernsehen!

8 Demandes de confirmation !

Réponds aux questions par l'affirmative selon le modèle :
Kennst du Frau Heine? → **Ja, ich kenne sie!**

1. Kennst du Michael?
2. Kennst du Michaels Eltern?
3. Verstehst du deine Eltern immer?
4. Kennst du das Kinoprogramm?
5. Willst du deinen Freund anrufen?
6. Suchst du seine Telefonnummer?

F La forme de politesse

*Lorsqu'on s'adresse à une ou plusieurs personnes **en marquant une certaine distance**, on emploie la **forme « de politesse »** : elle correspond à la 3e personne du pluriel, le pronom s'écrit avec une majuscule :*

Herr Jung, haben Sie Zeit? Wollen Sie mitmachen?

*Le français utilise la forme de 2e personne du pluriel et on parle donc de « **vouvoiement** » :*

Monsieur Jung, avez-vous du temps ? Voulez-vous participer ?

9 S'il vous plaît !

Pose des questions selon le modèle :
noch eine Frage haben → **Haben Sie noch eine Frage?**

1. Französisch sprechen
2. morgen mitkommen wollen
3. mich mitnehmen können
4. auf die Buchmesse gehen
5. gern lesen
6. den Struwwelpeter kennen

G Le pluriel des noms

• *La marque de pluriel des noms **dépend de leur genre** :*
– *pour le **masculin**, la marque est le plus souvent* **-(¨)e**
→ Romane, Söhne, Projekte
– *pour le **neutre**, la marque est soit* **-(¨)er** *ou* **-e**
→ Kinder, Bücher, Regale, Argumente
– *pour le **féminin**, la marque est généralement* **-n**
→ Taschen, Fragen, Sachen

Les noms masculins et neutres qui se terminent par **-er** *ne prennent pas de marque de pluriel :*
ein Schüler, viele Schüler *mais* (ein Bruder, zwei Brüder)

• *La marque du déterminatif au pluriel, au nominatif et à l'accusatif, est* -e :
Die Schüler sind auf Klassenfahrt.
Meine Freunde sind alle da.
Michael sieht komisch aus. Er hat seine Toilettensachen nicht!

L'anglais a conservé quelques pluriels de ce type (marque -en, changement de la voyelle du singulier) :
child → children **man → men** **foot → feet**

10 Dans un grand magasin...

Repère le genre et réponds à la question selon le modèle :
Ich suche einen Kriminalroman! → **Kein Problem! Hier sind viele Kriminalromane!**

1. Ich suche ein Kinderbuch.
2. Ich suche eine Sporttasche.
3. Ich suche ein Heft.
4. Ich suche einen Kalender.
5. Ich suche einen Liebesroman.

11 Et ils sont nombreux !

Réponds à la question posée selon le modèle :
Hast du ein Problem? → **O ja, ich habe viele Probleme!**

1. Haben Sie ein Wörterbuch?
2. Haben Sie ein Kind?
3. Habt ihr eine Frage?
4. Hast du ein Argument?
5. Hast du nur einen Freund?

H La préposition *für*

• *La préposition* für *(= pour) est* ***toujours suivie de l'accusatif****. Elle est suivie d'un groupe nominal ou d'un pronom qui désigne la personne* ***en faveur de qui se fait l'action****.*

Hoffmann schreibt zuerst für seinen Sohn, dann für andere Kinder.
Haben Sie Zeit für mich?

On observera la parenté de la préposition **für** *avec l'anglais* **for** *:*
Ich habe ein Buch für dich / für Sie. ⇒ I've got a book for you.

12 Pour qui ?

Réponds aux questions selon les indications données entre parenthèses.

Exemple : Für wen kaufst du die Karte? *(Mutter)* → **Für meine Mutter, natürlich!**

1. Für wen suchst du einen Kriminalroman? *(Bruder)* - 2. Für wen suchst du eine CD? *(Schwester)* - 3. Für wen ist die Cola? *(Freundin)* - 4. Für wen ist die Detektivgeschichte? *(Lehrer)* - 5. Für wen ist die gute Note? *(Schüler)* - 6. Für wen schreibt der Autor? *(Kinder und Eltern)*

Lauter Laute!

Aussprache

[r], [ɐ̯]	[z]	[χ]	[ç]	**voyelle brève**	**voyelle longue**
dürfen	Suppe	Buch	Bücher	essen	lesen
darf	sehen, sieht	machen	ich	Geld	nehmen
vier	sie	suchen	nicht	Glück	müde
Uhr	solidarisch	nach	sprechen	Kamm	schlafen

Betonung

Liebe	Roman	Liebesroman	mitfahren	Spielst du °mit?	Kommst du mit ins °Kino?
Jugend	Magazin	Jugendmagazin	fernsehen	Fährst du °mit?	Fährst du mit nach °Hause?
Wörter	Bücher	Wörterbücher	ausgehen	Darfst du °mit?	Darfst du in die °Disko?
Abend	Programm	Abendprogramm	einladen		

Wortschatz

Une chose après l'autre

Lis plusieurs fois les groupes infinitifs suivants. Puis masque-les et retrouve les séries en t'aidant des illustrations.

1. an die Haltestelle gehen, den Bus nehmen, in die Stadt fahren
2. eine Information suchen, die Information bekommen, ans Telefon gehen
3. müde sein, ins Bett gehen, schlafen
4. ins Kino gehen, an die Kasse gehen, eine Kinokarte kaufen, den Film sehen

Kind und Buch

Komm her einmal, du liebes Buch;
Sie sagen immer, du bist so klug.
Mein Vater und Mutter, die wollen ge
Dass ich was Gutes von dir lerne;
Drum will ich dich halten an mein Oh
Nun sag mir all deine Sachen vor.

Wilhelm HE

Je fais le point

Je suis capable de comprendre et m'exprimer dans les situations suivantes :

ÉCOUTER

Je peux...

- comprendre ce que j'ai ou ce que quelqu'un a le droit de faire,	Akt 2, 1 (p. 50) Akt 2, 2b (p. 51)
- comprendre le contenu d'un dialogue simple portant sur un sujet connu.	Akt 3, 3b (p. 53)

PARLER

Je peux...

- poser des questions pour identifier des personnes et savoir ce qu'elles font,	Akt 1, 1 (p. 46)
- dire à quel endroit je vais ou veux aller,	Akt 1, 3 (p. 48)
- demander ce que j'ai le droit de faire,	Akt 2, 1 (p. 50)
- parler des loisirs,	Akt 2, 1 (p. 50)
- demander à quelqu'un ce qu'il aime faire,	Akt 2, 3 (p. 51)
- interdire quelque chose à quelqu'un,	Akt 3, 5 (p. 55)
- donner un conseil à quelqu'un.	Akt 3, 3c (p. 54)

LIRE

Je peux...

- lire un résumé de roman écrit simplement,	Akt 3, 4 (p. 55)
- lire des indications simples pour caractériser un roman,	Akt 3, 3c (p. 54)
- lire des indications d'itinéraires et d'horaires sur le site du chemin de fer allemand.	Akt 1, 4b (p. 49)

ÉCRIRE

Je peux...

- écrire une fiche de lecture.	Einblicke (p. 62-63)

Je suis capable de mobiliser les acquis linguistiques suivants en situation de communication

- utiliser la forme de politesse pour m'adresser à quelqu'un que je ne tutoie pas,
- utiliser les formes du directif pour indiquer le lieu où je vais,
- utiliser le verbe « dürfen » pour demander une autorisation ou indiquer à quelqu'un ce qu'il a le droit de faire ou non.

J'ai découvert des stratégies pour apprendre et utiliser une langue étrangère

- repérer si un énoncé est affirmatif ou négatif,	Akt 2, 1b
- repérer l'information essentielle d'une phrase à partir du verbe, de son complément immédiat et du sujet,	Akt 3, 4
- apprendre le vocabulaire en le classant selon un ordre chronologique.	Wortschatz

Einblicke

1. Schau dir die Plakate und die Fotos an und lies die Texte!
2. Wie heißt dein Lieblingsbuch?
3. Fülle einen Lesezettel aus!

Die Frankfurter Buchmesse ist die größte Buchmesse der Welt! Im Land von Gutenberg spielt das Buch eine große Rolle. Kinder und Jugendliche lesen auch gern: Comics, Jugendbücher, Romane, Literatur auf CD-ROM…
Schulen und Gymnasien organisieren Aktionen: Die Aktion „Lesenacht" hat viel Erfolg!

Deutschland - Leseland

Lesenacht

Eine Schülerin erzählt über die Aktion „Lesenacht":

„Wir besprechen das Programm zusammen mit der Lehrerin. Dann lesen wir bis in die Nacht hinein. Wir schlafen sogar in der Schule. Alle machen mit; jeder Schüler nimmt einen Schlafsack und eine Luftmatratze mit, und natürlich auch sein Lieblingsbuch! Am nächsten Morgen frühstücken wir alle zusammen. Es ist immer eine tolle Nacht!"

Lesezettel

Autor: Ende, Michael

Titel: Die unendliche Geschichte

Seiten: 505

Kommentar: Ich mag dieses Buch sehr! Es ist eine Geschichte voller Abenteuer!

Objectifs

Dans ce chapitre, tu vas apprendre

→ *à comprendre et à t'exprimer*

- désigner des activités domestiques
- choisir des aliments et des boissons
- souhaiter la bienvenue
- donner des conseils à quelqu'un

→ *à observer comment fonctionne la langue*

- l'expression de l'ordre par l'impératif
- l'expression du conseil avec le verbe *sollen*
- le datif pour désigner le bénéficiaire
- la justification avec *nämlich*
- la négation d'un fait ou d'une action avec *nicht*

en la comparant à d'autres langues

l'expression de la quantité imprécise en allemand et en anglais

→ *à connaître les pays germanophones*

la période de Noël (coutumes, pâtisserie, décoration...)

Kapitel 4

Gastfreundschaft bringt Freu(n)de

Was kann Familie Eschbach ihrem Gast bieten?

Akt 1 Bei Eschbachs

1 Räum dein Zimmer auf!

a Hör und wiederhole!

auf/stehen

das Fenster auf/machen

den Schreibtisch auf/räumen

das Zimmer sauber machen

das Bett machen

den Papierkorb aus/leeren

das Skateboard weg/räumen

b Du hast das Wort!

→ GA

Du bist Michaels Mutter.

Du: Leer den Papierkorb aus!

2 Es weihnachtet sehr!

a Hör und wiederhole!

oublier	vergessen	*avoir besoin de prendre l'air*	frische Luft brauchen
faire les courses	einkaufen	*sentir*	riechen

b Hör zu!

Was macht Frau Eschbach so nervös?

Frau Eschbach:	Bitte Sybille, hilf mir, gib mir den Zucker und mach mal den Backofen aus!
Sybille:	Warte doch, Mutti. Sei doch nicht so nervös! Die Plätzchen sind bestimmt noch nicht ganz fertig. Warte noch 5 Minuten!
Frau Eschbach:	Wir haben einen Gast heute. Ach Michael, da kommst du endlich! Wo ist denn dein Vater?
Michael:	Ich weiß es nicht! Ich suche ihn auch!
Frau Eschbach:	Maaartin!
Herr Eschbach:	Ja, ich komme!
Frau Eschbach:	So, geht bitte schnell einkaufen! Da habt ihr die Liste. Geht in den Supermarkt und dann noch in die Bäckerei und bringt... ein Brot mit! Vergesst den Einkaufskorb nicht! Und nehmt den Hund mit! Er braucht frische Luft.
Herr Eschbach:	Ach, apropos frische Luft, was riecht denn da so komisch? Schau mal in den Backofen!
Frau Eschbach:	O Gott, die Plätzchen!
Herr Eschbach:	Schatz, sollen wir auch Plätzchen kaufen?

Merk dir das!
Stratégie 7

3 Michael schreibt die Einkaufsliste

Du hast das Wort!

Michael macht eine neue Liste. Er liest das Rezept und fragt seine Schwester. Sybille schaut auf den Tisch und antwortet.
Du bist Michael. Dein(e) PartnerIn ist Sybille.

Du:	Für das Rezept brauchen wir Mehl. Ist noch Mehl da?
Dein(e) PartnerIn:	Ja, Mehl haben wir noch.
Du:	Wir brauchen auch Kakaopulver. Haben wir noch Kakaopulver?
Dein(e) PartnerIn:	Nein, Kakaopulver haben wir nicht mehr.

→ GB

4 Was steht auf Frau Eschbachs Einkaufsliste?

Du hast das Wort!

Schau dir die Liste an und kommentiere.

Du: Cola? Das ist bestimmt für David. Amerikaner trinken gern Cola, oder?
Pizza? Das ist bestimmt für den Vater. Herr Eschbach isst gern Pizza!

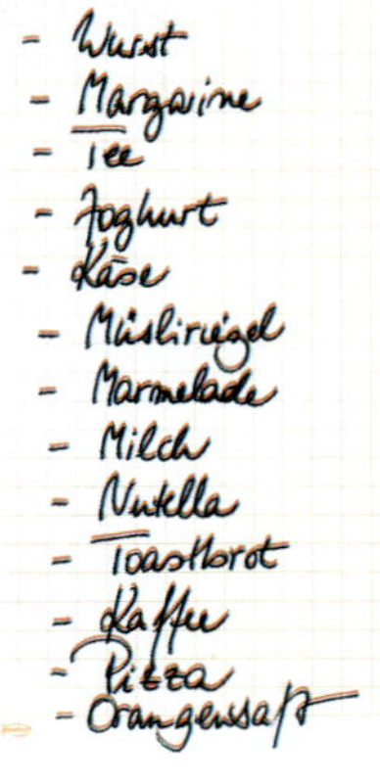

Akt 2 Am Bahnhof

1 Der Zug hat Verspätung

→ GD

Du hast das Wort!

Du: Du, Michael, Jonathan möchte ein Wurstbrot essen. Hol ihm bitte ein Wurstbrot! Und Sybille hat Durst. Kauf ihr bitte ein Mineralwasser!

erste Hilfe

jdm etwas holen: *aller chercher qqch. à qqn*
jdn rufen: *appeler qqn*
jdm etwas zeigen: *montrer qqch. à qqn*

Jonathan / eine Brezel kaufen

Sybille / ein Mineralwasser, ein Jugendmagazin kaufen

der Vater / eine Zeitung kaufen

die Touristen / den Stadtplan zeigen

eine Frau / ein Taxi rufen

2 Der Vater braucht Geld

a Schau und hör zu!

Was sagt der Geldautomat?

b Du hast das Wort!

- Was soll die alte Dame tun?

→ GC

Du: Zuerst soll die alte Dame ihre Karte eingeben, dann soll sie …

- Die alte Dame braucht noch Hilfe! Was antwortet Herr Eschbach? Du bist Herr Eschbach!

→ GD

Die alte Dame: Mein Zug hat Verspätung. Wo ist bitte der Wartesaal? Können Sie mir helfen?
Herr Eschbach: Ja natürlich! Geben Sie mir Ihren Koffer, …

jdm den Koffer geben | mit/kommen | jdm den Arm geben | sich setzen | einen Moment warten | auf die Tafel schauen

3 Wer ist David?

Schau dir das Bild an und kommentiere!

Du: Der Junge Nr. 1 ist bestimmt nicht David, er trägt nämlich …, er hat nämlich …

→ GE

4 Hallo David!

a Hör und wiederhole!

fatigué	müde
avoir raison	Recht haben

b Hör zu!

Was ist das Problem mit David?

Michael: Schaut! Da kommt er! Das ist er! Das ist meine Kappe und mein Rucksack!
Der Vater: Ja, du hast Recht! Sybille, gib mir deine Tasche und hol ihm schnell einen Gepäckwagen für seine Sporttasche. Und du, Michael, nimm ihm die Tasche ab!
Sybille holt den Wagen.
Michael: Hallo David, Willkommen in Weimar! Wie geht es dir? Bist du müde?
David: Guten Tag! Oh, excuse me! Äh, entschul..., entsch...
Sybille: Ent-schul-di-gung!
David: Yeah, that's it! Ich verstehe nicht gut.
Michael: Sybille, sag ihm bitte, ich freue mich!
Sybille: Hm! Nice to meet you!
David: Danke! Ich... ich... . I need some money.
Sybille: Er sagt, er braucht Geld. Michael, zeig ihm den Geldautomaten, oder die Bank.
der Vater: Wieso Geld? Er braucht doch kein Geld! Sag ihm, er ist unser Gast.
Sybille: Yes, you're our guest!
Michael: Ja, Sybille, sag ihm, er wohnt, schläft und isst bei uns zu Hause!
Der Vater: Willkommen bei uns!
David: O! Danke schön!

Merk dir das!

Akt 3 Zu Hause

1 Michael zeigt seinem Freund das Haus

a Hör zu!

David schaut sich das Haus mit Michael an. Welche Zimmer sieht er?

b Wir rekapitulieren!

Michael zeigt David das Haus. Wohin gehen sie zuerst… und dann?

Du: Zuerst gehen sie ins …

2 Weihnachten in Deutschland. Und bei David?

a Schau und sprich!

Du: Die Leute singen …

singen

basteln

den Tannenbaum schmücken

backen

Karten schreiben

der Familie und den Freunden Frohe Weihnachten wünschen

die Geschenke am Heiligabend (24.12.) bekommen

DEZEMBER

Mo	Di	Mi	Do	Fr	Sa	So
			1	2	3	4
5	6	7	8	9	10	11
12	13	14	15	16	17	18
19	20	21	22	23	24	25
26	27	28	29	30	31	

2 Weihnachtsfeiertage haben

b Hör zu!

Was ist bei David anders?

3 Ein sympathischer Gast

a Hör und wiederhole!

plaire à qqn	jdm gefallen	*avoir de la famille*	Verwandte haben
avoir le mal du pays	Heimweh haben	*l'allumette*	das Streichholz (¨er)
la silhouette	die Figur		

b Hör zu!

Was macht Familie Eschbach? Was erfahren wir über David?

Herr Eschbach: Ich finde unseren Amerikaner sehr sympathisch. Findest du nicht?!

Frau Eschbach: Ja, ja. Ich finde ihn auch sehr sympathisch. So, es ist jetzt vier, wir können Kaffee trinken. Ist Sybille nicht da? Wo ist sie denn? Wisst ihr das?

Herr Eschbach: Ah! Da kommt sie. Hui! Du siehst wirklich schön aus!

Michael: Alles für David. Ich glaube, David gefällt ihr auch. Nicht wahr Sybille?

Sybille: Ihr seid aber blöd!

Herr Eschbach: Was macht er denn? Schläft er?

Sybille: Er schreibt seinen Eltern und seiner Oma eine Karte, eine Weihnachtskarte. Ich glaube, er hat ein bisschen Heimweh. Übrigens, er hat Verwandte in Deutschland.

Herr Eschbach: Du bist aber gut informiert… Du weißt schon alles. Komm, wir trinken jetzt Kaffee, und dann wollen wir unserem Gast den Weihnachtsmarkt zeigen.

Frau Eschbach: Schatz, gib deiner Tochter Streichhölzer, Sybille soll die erste Kerze vom Adventskranz anzünden.

Michael: Vati, bring die Plätzchen und schneide den Stollen, bitte und gib meiner Schwester nur ein kleines Stück, denk an ihre Figur! Ich hole David.

Stratégie 8

4 Sybille ist sauer!

Hör zu und reagiere!

Sybille ist sauer! Ihr Bruder will wieder nett sein, aber sie sagt immer nein! Du bist Sybille.

Michael: Willst du auf den Weihnachtsmarkt mitkommen?
Sybille: Nein, ich komme nicht auf den Weihnachtsmarkt mit!
Michael: Der Weihnachtsmarkt ist aber interessant!
Sybille: Nein, der Weihnachtsmarkt ist nicht interessant!
…
Michael: Du bist aber kompliziert!
Sybille: Nein, …

erste Hilfe

auf den Weihnachtsmarkt mit/kommen - ins Konzert gehen - zu Hause bleiben - ins Kino gehen - fern/sehen - essen - interessant sein - kompliziert sein

→ GF

5 Danke für deine Hilfe!

Schau und sprich!

David will der Familie Eschbach helfen.

Du: Frau Eschbach bastelt gerade: David hilft ihr und sie dankt ihm.

das Geschirr ab/trocknen

einen Strohstern ans Fenster hängen

Englischübungen machen

das Skateboard reparieren

→ GD

6 Was kann David seiner Familie mitbringen?

Du hast das Wort!

Sybille, David und Michael sprechen miteinander über Weihnachtsgeschenke. Sybille und Michael machen Vorschläge. Du bist Sybille oder Michael.

Sybille: Deiner Mutter kannst du ja eine Pyramide mitbringen.
Michael: Ja genau. Das gefällt ihr bestimmt.
Sybille: Deinem Vater kannst du Plätzchen mitbringen.
Michael: Ja genau. Das schmeckt ihm bestimmt.

(r) Stollen

(pl.) Plätzchen

(r) Lebkuchen

(s) Räuchermännchen

(e) Pyramide

(e) Weihnachts-CD

(r) Adventskalender

(e) Kerze ↘

(r) Adventskranz

(r) Strohstern

(r) Nussknacker

→ GD

A L'impératif

Pour ***donner un ordre*** *à une ou plusieurs personnes ou* ***simplement un conseil****, on peut utiliser le* ***mode impératif****. Les marques de personne sont -e (facultatif) au singulier et -t au pluriel.*

	MACHEN	LASSEN
2e pers. sg.	Mach(e) bitte das Fenster auf!	Lass mich bitte schlafen!
2e pers. pl.	Macht bitte sauber!	Lasst mich schlafen!

Pour la forme de politesse, le verbe est obligatoirement suivi du pronom :

Machen Sie mit! Lassen Sie mich sprechen!

Au singulier, les verbes forts en -e- modifient leur radical et ne prennent pas la marque de personne. Le pluriel a une forme régulière.

	SPRECHEN	LESEN
2e pers. sg.	Sprich nicht so laut!	Lies mal die Liste!
2e pers. pl.	Sprecht bitte nicht so schnell!	Lest zuerst den Text!
Politesse	Sprechen Sie bitte nicht so laut!	Lesen Sie die Zeitung!

Le verbe sein a les formes suivantes :

2e pers. sg.	Sei nicht so traurig!
2e pers. pl.	Seid nicht so traurig!
Politesse	Seien Sie nicht so traurig!

1 Des conseils d'ami !

Ton ami(e) est fatigué(e), donne-lui des conseils !

Exemple : heute früh ins Bett gehen → **Geh doch heute früh ins Bett!**

1. nicht so viel Cola trinken
2. abends nicht so viel essen
3. das Fenster aufmachen
4. nicht so viele Krimis lesen
5. nicht so nervös sein
6. nicht so früh aufstehen

2 S'il vous plaît !

Formule des demandes polies auprès des personnes indiquées.

Exemple : nicht so laut sprechen *(Liebe Freunde!)*
→ **Liebe Freunde, sprecht bitte nicht zu laut!**

1. dem Lehrer nichts sagen *(Leon und Hannah!)*
2. deinen Freunden auch nichts erzählen *(Steffi!)*
3. mit in die Stadt kommen *(Sevgi!)*
4. den Hund nicht mitnehmen *(Sevgi!)*
5. nicht so schnell sprechen *(Frau Müller-Heine!)*
6. nicht so laut sprechen *(Michael!)*

B La quantité imprécise : l'article zéro

Pour ***désigner une quantité imprécise****, on emploie un groupe nominal sans article (article zéro). Au singulier, le groupe nominal désigne alors une substance « massive », qu'on ne peut dénombrer.*

ø Milch = *du lait* → Willst du Milch?
ø Kakao = *du cacao* → Trinkst du gern Kakao?
Wir brauchen noch ø Kakao und ø Milch.

Cette absence d'article correspond au partitif en français et à l'emploi de l'article zéro ou de some en anglais :

I drink ø coffee and ø milk. Will you have some tea?

3 Pour respecter les goûts de chacun...

Exemple : Milch – *(mein Bruder)*
→ **Für meinen Bruder brauche ich Milch.**

1. Marmelade – *(meine Oma)* - 2. Honig – *(mein Vater)* - 3. Kakao – *(meine Kusine Kathrin)* - 4. Orangensaft – *(meine Freunde)* - 5. Müsli – *(meine Mutter und ich)* - 6. Wurst – *(mein Bruder Jonas)* - 7. Margarine – *(mein Opa)* - 8. Nutella – *(ich)*

4 Avant d'aller faire les courses, récapitulons !

Indique ce dont tu as besoin ou pas.

Exemple : Milch? *(ja)* / Zucker? *(nein)*
→ **Ja, Milch brauche ich. / Nein, Zucker brauche ich nicht.**

1. Mehl? *(nein)*
2. Eier? *(ja)*
3. Salz? *(nein)*
4. Butter? *(nein)*
5. Zitrone? *(ja)*
6. Kakaopulver *(ja)*

C Le verbe *sollen*

Le verbe sollen *sert à exprimer le conseil,* ***la recommandation donnée par autrui****, ou simplement* ***ce qu'il convient de faire*** *parce que cela est conforme aux règles, aux convenances, à la morale, etc. Il est le plus souvent accompagné d'un groupe infinitif :*

Es ist schon acht. Soll ich vielleicht meine Eltern anrufen?
Zuerst sollen Sie Ihre Karte eingeben.
Wir sollen jeden Tag lernen: Das sagt uns der Deutschlehrer!

Comme les autres verbes de modalité (können, wollen *et* dürfen)*, le verbe* **sollen** *a une conjugaison particulière au singulier :*

SOLLEN		
ich	sollø	wir sollen
du	sollst	ihr sollt
er / sie	sollø	sie sollen

5 On ne donne jamais trop de conseils !

Dis aux personnes indiquées ce qu'il est recommandé de faire.

Exemple : *(Vati)* den Einkaufskorb mitnehmen
→ **Vati, du sollst den Einkaufskorb mitnehmen!**

1. *(Michael)* ruhig bleiben - 2. *(Frau Eschbach)* Michael das Haus zeigen - 3. *(Frau Eschbach)* in den Backofen schauen - 4. *(Herr Eschbach)* nicht lachen - 5. *(Michael)* eine neue Einkaufsliste machen - 6. *(Sybille)* deinem Bruder helfen und mitgehen

6 Qu'en pensent les autres ?

Tu pars pour la journée, demande conseil à ton ami(e) selon le modèle donné :

das Skateboard mitnehmen → **Soll ich mein Skateboard mitnehmen?**

1. eine Jacke anziehen
2. den kleinen Rucksack mitnehmen
3. jetzt schon etwas essen
4. meine Mutter anrufen
5. meiner Mutter einen Zettel schreiben

D L'objet au datif (le cas du bénéficiaire)

a. *Certains verbes ont* ***deux compléments d'objet*** *: l'un désigne une chose transmise, l'autre désigne la personne qui en bénéficie, qui en est le* ***destinataire****. Le premier complément est à l'accusatif, le deuxième au* ***datif*** *:*

Jonathan, kannst du bitte deinem Vater eine Zeitung holen?

DATIF ACCUSATIF

Les ***marques*** *du datif sont pour le groupe nominal et pour les pronoms de 3e personne :*

MASC.	dem Vater	ihm
NEUTRE	dem Kind	ihm
FÉM.	der Mutter	ihr
PLURIEL	den Freunden	ihnen

Dein Bruder hat Hunger, du sollst ihm doch ein Käsebrot mitbringen!

DATIF ACCUSATIF

Les pronoms de 1re et 2e personne au datif sont mir *et* dir *au singulier,* uns et euch au pluriel.
La forme de politesse est Ihnen.

Jonathan, kannst du mir bitte eine Cola holen?

DATIF ACCUSATIF

Soll ich dir auch ein Eis bringen? Herr Eschbach, soll ich Ihnen auch ein Eis bringen?

DATIF ACCUSATIF DATIF ACCUSATIF

b. *Quelques verbes (*danken, helfen, gratulieren, gefallen, *etc.) ont* ***un seul complément****, au datif. Ce complément désigne aussi le* ***bénéficiaire*** *de l'action / du procès :*

Kannst du mir bitte helfen?
Liebe Frau Eschbach, ich danke Ihnen für das Geschenk! Der Pulli gefällt mir sehr!

On note la parenté avec l'anglais **him** *et* **her** *; toutefois l'anglais ne distingue pas complément à l'accusatif et complément au datif.*

John is sick. I'm going to visit him and bring him a present.
My sister is sick. I'm going to visit her and bring her a present.

Le français a aussi un pronom spécifique pour désigner le bénéficiaire / destinataire :

Mon cousin ? Je vais le voir demain et lui apporter un beau cadeau !
Mes parents ? Je les aime beaucoup, je leur raconte tout !

7 Que faire pour lui/pour elle/pour eux ?

Pose la bonne question selon le modèle :

Meine Mutter ist müde. *(eine Cola holen)* → **Meine Mutter ist müde, soll ich ihr eine Cola holen?**

1. Meine Freundin hat Durst. *(ein Glas Mineralwasser holen)* - 2. Mein Cousin hat Hunger. *(ein Stück Kuchen holen)* - 3. Die Touristen suchen eine Straße. *(den Stadtplan zeigen)* - 4. Meine Mutter will alles wissen. *(die ganze Geschichte erzählen)*

8 S'il te plaît... fais ça pour nous !

Formule des demandes selon le modèle :

eine Geschichte erzählen (ich) → **Bitte, erzähle mir doch eine Geschichte!**

1. deine Fotos zeigen *(ich)*
2. eine Antwort geben *(ich)*
3. eine Karte schreiben *(deine Oma)*
4. ein Bier bringen *(dein Vater)*
5. die Zeitung holen *(deine Eltern)*

9 Oui, bien sûr !

Réponds aux questions par l'affirmative selon le modèle :
Hilfst du deiner Mutter gern? → **Ja klar, ich helfe ihr gern!**

1. Hilfst du deiner Oma zu Hause? - 2. Schenkst du deiner Freundin Jana immer eine CD? - 3. Schenkst du allen deinen Freunden eine CD? - 4. Holst du mir auch eine Cola? - 5. Kaufst du mir auch eine Brezel? - 6. Bringst du deinem Bruder einen Sprudel mit?

E La justification

*Pour indiquer qu'on **justifie ce qu'on vient de dire** précédemment, on emploie l'adverbe* nämlich.

Ist hier ein Automat? Ich habe nämlich kein Geld mehr.
Das ist bestimmt David! Er hat nämlich meine Kappe und meinen Rucksack.

***Attention :** dans cet emploi,* nämlich *n'est jamais en première position.*

10 Demander quelque chose et dire pourquoi…

Reprends la demande et justifie-la en employant nämlich.

Exemple : Ist hier ein Geldautomat? *(Geld brauchen)*
→ **Ist hier ein Geldautomat? Ich brauche nämlich Geld.**

1. Wo sind die Gepäckwagen? *(eine Tasche und zwei Koffer haben)*
2. Bitte, wo ist die U-Bahn? *(die Stadt nicht kennen)*
3. Ist hier ein Getränkeautomat? *(Durst haben)*
4. Sind Sie Amerikaner? *(einen Amerikaner suchen)*
5. Darf ich jetzt ins Bett? *(müde sein)*

F La négation globale *nicht*

*Pour **nier un fait ou un état de choses**, on emploie la négation* nicht*. Elle se place devant les éléments de la phrase qui désignent ce fait ou cet état de choses.*
Ainsi peut-on nier :

°essen wollen	nicht essen wollen
°basteln	nicht basteln
(jdn) °nett finden	(jdn) nicht nett finden
nach °Hause gehen	nicht nach Hause gehen
°müde sein	nicht müde sein

Seul le verbe conjugué se déplace :

nicht essen wollen

Hannah will nicht essen Ø.
Michael findet Sybille nicht nett.
Die Kinder sind heute nicht müde.

11 Esprit de contradiction…

Réponds négativement à toutes les questions posées.

Exemple : Willst du mir °helfen? → **Nein, ich will dir° nicht helfen!**

1. Willst du heute ins °Kino gehen?
2. Möchtest du zu °Hause bleiben?
3. Kannst du mir °helfen?
4. Findest du die Geschichte intere°ssant?
5. Willst du heute auf den °Weihnachtsmarkt gehen?

Lauter Laute!

Aussprache

[yː]	[ʏ]	[uː]	[ʊ]	[oː]	[ɔ]	[aː]	[a]	[iː]	[ɪ]
müde	Stück	Zug	Zucker	Brot	Koffer	warten	Tasche	mir	frisch
Bücher	Küche	Sprudel	Suppe	Honig	Sonntag	Saal	Nacht	dir	bitte
Kühlschrank	Glück	Buch	Butter	Cola	Gott	Bahnhof	Gast	ihr, ihm	Brille, hilf
Müsli	schmücken	suchen	Luft	Zitrone	bekommt	Wagen	Wasser	ihnen	Zimmer

Betonung

Zucker °haben wir noch! Aber °Mehl haben wir °nicht mehr!
Nehmen Sie Ihre °Karte wieder! Und vergessen Sie Ihr °Geld nicht!
Hol bitte deinem Vater eine °Zeitung! Und kauf deiner Schwester ein Mine°ralwasser!

Wortschatz

a. *Associe un verbe à l'illustration correspondante.*

einkaufen	fernsehen	ausgehen	hören	backen
basteln	singen	trinken	essen	lachen
lesen	geben	tanzen	aufstehen	schreiben
spielen	schlafen	sich setzen	nehmen	sehen

1

2

3

4

5

6

7

8

9

10

11

12

13

14

15

16

17

18

19

20

b. *Cache les verbes, regarde les illustrations et retrouve le verbe correspondant.*

Je fais le point

Je suis capable de comprendre et m'exprimer dans les situations suivantes :

ÉCOUTER

Je peux...

- comprendre des ordres simples relatifs à la vie de tous les jours,	Akt 1, 2b (p. 67)
- parler des tâches ménagères,	Akt 1, 1a (p. 66) Akt 3, 5 (p. 74)
- exprimer mon désaccord en répondant négativement,	Akt 3, 4 (p. 74)
- comprendre une conversation de la vie quotidienne,	Akt 1, 2b (p. 67)
- comprendre des mots de bienvenue.	Akt 2, 4b (p. 71)

PARLER

Je peux...

- donner des ordres simples relatifs à la vie de tous les jours,	Akt 1, 1b (p. 66)
- proposer mon aide à quelqu'un,	Akt 2, 2b (p. 70)
- donner mon avis sur l'identité d'une personne,	Akt 2, 3 (p. 70)
- dire ce dont j'ai besoin pour suivre une recette,	Akt 1, 3 (p. 68)
- dire que j'ai faim et soif et demander quelque chose à manger et à boire.	Akt 2, 1 (p. 69)

LIRE

Je peux...

- comprendre les ingrédients figurant sur une recette de cuisine,	Akt 1, 3 (p. 68)
- comprendre une liste de courses,	Akt 1, 4 (p. 68)
- comprendre une carte d'anniversaire et de remerciement.	Einblicke (p. 82-83)

ÉCRIRE

Je peux...

- écrire une carte pour souhaiter son anniversaire à une personne.	Einblicke (p. 82-83)

Je suis capable de mobiliser les acquis linguistiques suivants en situation de communication

- utiliser les formes de l'impératif pour donner un ordre,
- utiliser le verbe « sollen » pour donner un conseil ou rapporter un ordre,
- utiliser les formes du datif pour indiquer le destinataire d'une action,
- utiliser « nämlich » pour justifier ce que je dis,
- utiliser « nicht » pour nier un énoncé et marquer mon désaccord.

J'ai découvert des stratégies pour apprendre et utiliser une langue étrangère

- repérer le type d'énoncé pour comprendre l'intention de communication,	Akt 1, 2b
- repérer l'élément accentué – porteur de l'information essentielle – dans un énoncé interrogatif, injonctif ou déclaratif,	Akt 3, 3b
- apprendre le lexique en cachant ou en découvrant un dessin.	Wortschatz

Einblicke

1. **Schau dir die Fotos an und lies die Texte!**
2. **Welche Feste feiern wir in Frankreich nicht?**
3. **Dein Freund oder deine Freundin hat Geburtstag: Schreib ihm oder ihr eine Karte!**

6. Januar
Dreikönigstag

Die Heiligen 3 Könige Caspar, Melchior und Balthasar gehen von Haus zu Haus, sie singen und sammeln Geld.

Februar
Karneval

Fasching oder Karneval fängt schon am 11.11. um 11 Uhr 11 an. Aber im Februar geht's richtig los! Sich verkleiden, das ist immer schön!

März-April
Ostern

Die Kinder bemalen Eier und schmücken Ostersträuße. Im Garten suchen sie die Schokoladeneier und Osterhasen.

1. Mai

Es ist noch Frühling, aber der Sommer kommt bald. Am **1. Mai** stellen wir im Dorf einen großen Baum auf. Der Baum heißt Maibaum.

10. August

Hallo Leute!
Ihr wisst ja alle, dass ich am 10. August Geburtstag habe. Und das heißt: Fete!
Am Samstag um 18 Uhr geht's los.
Kommt bitte und bringt klasse CDs und gute Laune mit!

Bastian Kraft
Wingertstraße 7
69120 Heidelberg
(06221) 471414

Mein Geburtstag...

Der 3. Oktober ist unser Nationalfeiertag. Wir feiern die deutsche Einheit. Am 3. Oktober 1990 ist Deutschland ***ein*** Staat geworden. Vorher gab es im Westen die **B**undes**r**epublik **D**eutschland und im Osten die **D**eutsche **D**emokratische **R**epublik.

3. Oktober

Die deutsche Einheit

11. November

Martinstag

6. Dezember

Am 11. November feiern wir Sankt Martin. Am Martinstag basteln die Kinder Laternen, gehen durch die Straßen und singen: „Ich geh' mit meiner Laterne, und meine Laterne mit mir. Dort oben leuchten die Sterne, hier unten, da leuchten wir."

Am 6. Dezember kommt der Nikolaus! Die braven Kinder bekommen Schokolade, Mandarinen und Nüsse. Die bösen Kinder bestraft Knecht Ruprecht (auch Krampus genannt).

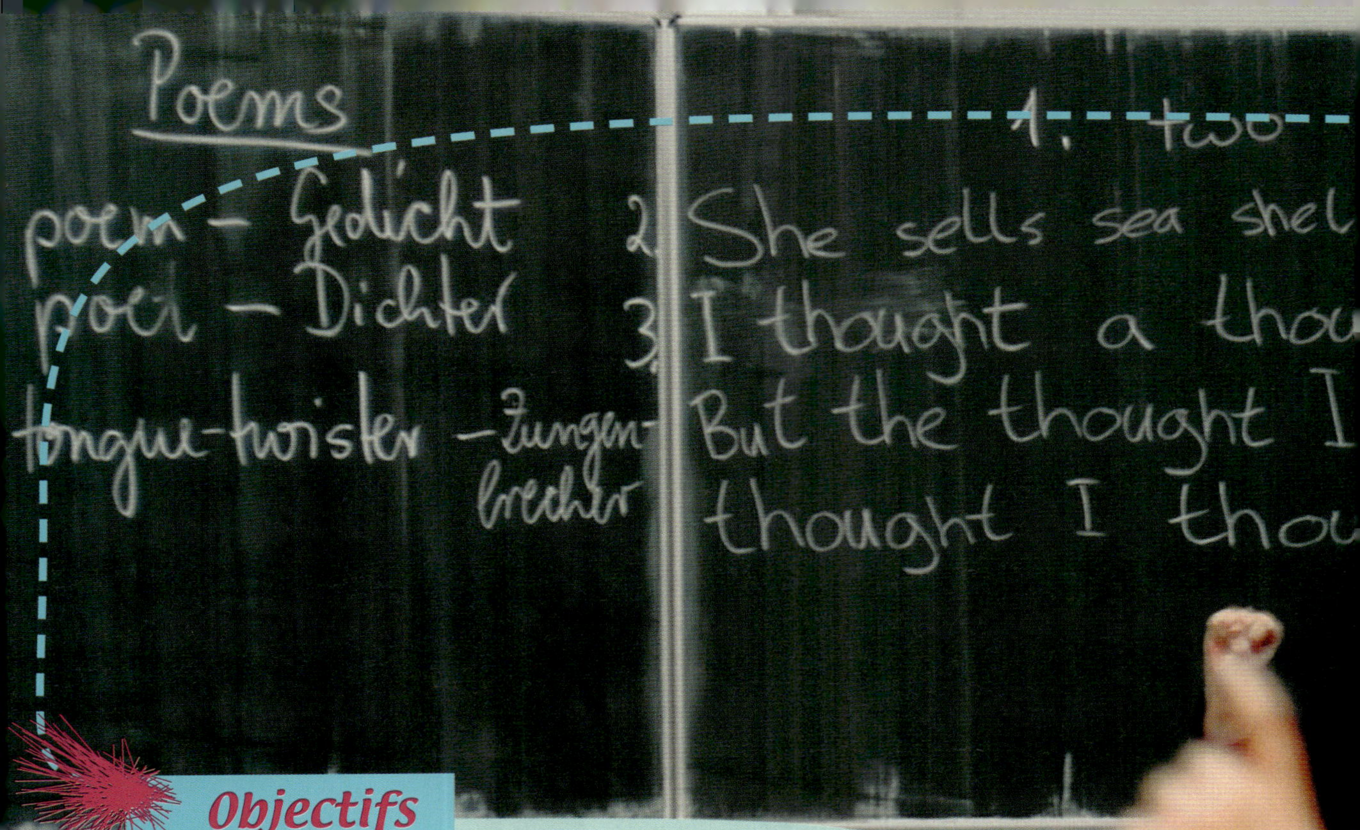

Objectifs

Dans ce chapitre, tu vas apprendre

→ *à comprendre et à t'exprimer*

- parler de l'école (emploi du temps et matières)
- dire ce que l'on aime
- indiquer la nécessité de faire quelque chose
- indiquer l'appartenance
- situer dans l'espace et dans le temps
- donner une explication

→ *à observer comment fonctionne la langue*

- les verbes *mögen* et *müssen*
- l'article négatif *kein*
- les prépositions suivies du datif
- les prépositions *in, an, auf / in, an, um*
- les déterminatifs possessifs au pluriel
- la subordonnée en *weil*

en la comparant à d'autres langues

- les prépositions *zu* et *bei* en allemand et *to* et *at* en anglais
- les prépositions *an* et *in* en allemand et *on* et *in* en anglais

→ *à connaître les pays germanophones*

le système scolaire allemand

Kapitel 5

Der Schulalltag

Was entdeckt David in der Schule?

Akt 1 Morgens vor der Schule

1 Michael nimmt David in die Schule mit

Schau und erzähle!

Heute möchte Michael seinen Freund David in die Schule mitnehmen. Was bedeutet es?

Du: Sie müssen um 6 aufstehen.

erste Hilfe

um 6 Uhr aufstehen

früh in der Schule sein

die Sekretärin informieren

den Direktor fragen

dem Klassenlehrer die Situation erklären

→ GA

2 Michaels Schulwoche

→ Merk dir das!

a Du hast das Wort!

David informiert sich über Michaels Stundenplan. Du bist David, dein(e) PartnerIn ist Michael.

Du: Was habt ihr also am Montag?
Dein(e) PartnerIn: In der ersten Stunde haben wir Mathe.
Du: Was habt ihr in der zweiten Stunde?

Stunde	Zeit	Montag
1.	7.50 – 8.45	Mathematik Raum 3C
2.	8.50 - 9.35	Englisch Raum 3C
3.	9.45 – 10.30	Deutsch Raum 3C
4.	10.35 – 11.20	Deutsch Raum 3C
5.	11.40 - 12.25	
6.	12.30 – 13.15	
7.	14.20 – 16.10	Sport Turnhalle
8.	16.20 – 17.40	Sport Turnhalle

erste Hilfe

in der ersten Stunde - in der zweiten / dritten / vierten / ... Stunde

b Schau und sprich!

Wann kann David den Unterricht besuchen? Indizien findest du in Michaels Aufgabenheft.

Du: In der ersten Stunde schreiben die Schüler einen Test.
David kann nicht mitkommen, er kann aber in der Bibliothek warten.
In der zweiten Stunde kann er ... . In der 3. und 4. Stunde ... . In der 5. und 6. Stunde ...

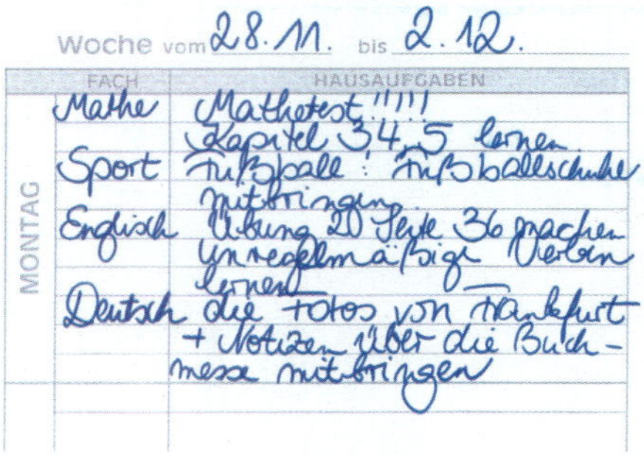
Woche vom 28.11. bis 2.12.

	FACH	HAUSAUFGABEN
MONTAG	Mathe	Mathetest !!!! Kapitel 3, 4, 5 lernen
	Sport	Fußball! Fußballschuhe mitbringen
	Englisch	Übung 20 Seite 36 machen unregelmäßige Verben lernen
	Deutsch	die Fotos von Frankfurt + Notizen über die Buchmesse mitbringen

3 Schnell, ich muss...

a Hör und wiederhole!

le vélo	das Rad	*Je suis désolé(e) !*	Es tut mir Leid!
Il n'en est pas question.	Das kommt nicht in Frage.	*malheureusement*	leider

b Hör zu!

Was will Michael von seiner Schwester haben? Wie reagiert sie?

Sybille: Hey Michael! Mach schon! Ich muss mal!
Michael: Moment mal! Ich muss auch… für den Mathetest lernen!
Sybille: Aha, sehr lustig!
Michael: Ach ja, Sybille, du musst mir helfen.
Sybille: Ach so? Dir helfen?
Michael: Ja bitte, kann ich dein Rad haben?
Sybille: Du, mein Rad haben? Das kommt nicht in Frage. Du hast ja auch ein Rad. Warum willst du *mein* Rad?
Michael: Aber es ist doch nicht für mich, es ist für David!
Sybille: O sorry, David. Das tut mir wirklich Leid. Aber du kannst mein Rad nicht haben, ich muss nämlich nach der Schule in die Stadt fahren. Leider!
Michael: Das tut mir wirklich so Leid! Komm David, wir müssen fahren. Im Bus zeige ich dir noch meinen Stundenplan.
David: Girls, girls, girls…

4 Michaels Stundenplan

a Schau und sprich!

Michael und David schauen sich den Stundenplan an. Du bist Michael und beschreibst den Stundenplan.

Du: Schau mal David, am Vormittag haben wir von … bis … Unterricht.
Eine Stunde dauert …

erste Hilfe

beginnen - dauern - am Vormittag, am Nachmittag - einmal, zweimal, dreimal … pro Woche

Klasse 8c

Stunde	Zeit	Montag	Dienstag	Mittwoch	Donnerstag	Freitag
1.	7.50 – 8.45	Mathematik Raum 8C	Ethik ev. Religion kath. Relig.	Sport	Englisch Raum 8C	Mathematik Raum 8C
2.	8.50 - 9.35	Englisch Raum 8C	Musik Musiksaal	Sport Turnhalle	Englisch Raum 8C	Mathematik Raum 8C
kleine Pause						
3.	9.45 – 10.30	Deutsch Raum 8C	Französisch Raum 8C	Deutsch Raum 8C	Erdkunde Erdkundesaal	Französisch Raum 8C
4.	10.35 – 11.20	Deutsch Raum 8C	Französisch Raum 8C	Deutsch Raum 8C	Französisch Raum 8C	Englisch Raum 8C
große Pause						
5.	11.40 - 12.25		Physik Physiksaal	Mathematik Raum 8C	Physik Physiksaal	Bildende Kunst Zeichensaal
6.	12.30 – 13.15			Geschichte Raum 8C	Musik Musiksaal	Bildende Kunst Bauer
Mittagspause						
7.	14.20 – 16.10	Sport Turnhalle	Latein-AG	Geschichte Raum 8C	ITG Infomatikraum	Ethik ev. Religion kath. Relig.
8.	16.20 – 17.40	Sport Turnhalle	Erdkunde Erdkundesaal		ITG	

b Rekapituliere!

→ GB

Vergleiche Michaels Stundenplan mit deinem Stundenplan.

Du: Michaels Klasse hat …, und wir haben …
Bei ihnen …, bei uns in Frankreich haben wir …

Akt 2 Im Deutschunterricht

1 Davids erste Eindrücke

Hör und sprich!

Michaels Freunde stellen viele Fragen. Du bist David und antwortest.

Leon: Wie findest du unseren Stundenplan?
Du: Ich finde euren Stundenplan kompliziert.
Leon: Wie findest du ... ?
Du: ... finde ich ...

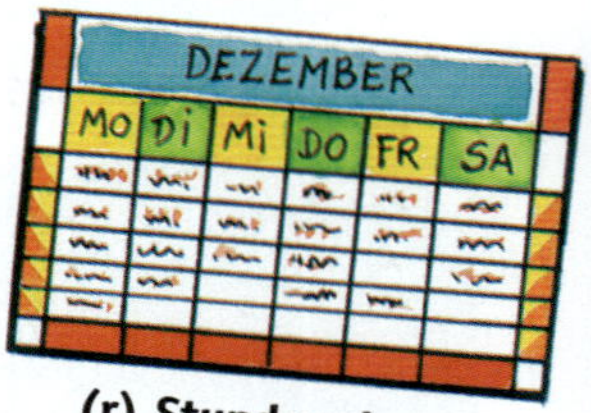

(r) Stundenplan

erste Hilfe

interessant - super - toll - (sehr) schön - gut - sympathisch - kompliziert - seltsam

(r) Englischlehrer

(e) Schule

(pl.) Mitschüler

(e) Sprache

(s) Essen

(pl.) Häuser

→ GC

2 Was macht David bei uns in Deutschland?

a Hör und wiederhole!

les ancêtres	die Vorfahren	*se mettre au travail*	sich an die Arbeit machen
l'affiche	das Plakat	*jusqu'à fin décembre*	bis Ende Dezember

b Hör zu!

Was erfährt Frau Schäfer über David?

Michael: Guten Tag, Frau Schäfer!
Frau Schäfer: Guten Tag, Michael! Was ist denn los?
Michael: Darf ich Ihnen meinen Freund David vorstellen?
Frau Schäfer: David, aha, ein neuer Schüler!
Michael: David ist Amerikaner. Er wohnt noch bis Ende Dezember bei mir zu Hause.
Frau Schäfer: Und woher kennst du David?
Michael: Ja, Frau Schäfer, wissen Sie noch… in Frankfurt, … die Geschichte mit meinem Rucksack, … er war plötzlich weg!
Frau Schäfer: Ach ja, natürlich! Und was macht David bei uns in Deutschland?
Michael: Er will unsere Sprache lernen, unser Land, vielleicht auch unser Schulsystem und sogar unsere Geschichte kennen lernen. Und… er sucht seine Vorfahren. Seine Familie kommt nämlich aus Deutschland.
Frau Schäfer: Er hat deutsche Vorfahren! Das ist aber sehr interessant!
Michael: Frau Schäfer, darf er jetzt bei uns in der Deutschstunde mitmachen?
Frau Schäfer: Natürlich! Aber jetzt geht's los: Heute wollen wir die Plakate für unsere Projektarbeit machen! Nehmt eure Sachen, eure Notizen, eure Texte, die Fotos, die Stifte und macht euch an die Arbeit!

Stratégie 9

3 Vorbereitung der Plakate

Du hast das Wort!

• **Leon und Laura arbeiten zusammen. Du bist Leon und stellst Fragen, dein(e) PartnerIn antwortet.**

erste Hilfe

(r) Computer

(pl.) Buntstifte

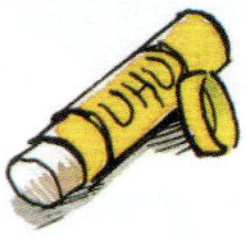

(r) Klebstift

(r) Kassettenrekorder

• **Michael und David sammeln Fotos für die Plakate. Du bist Michael und erzählst.**

Du: Für das Plakat „In der Jugendherberge" brauchen wir ein Foto von der Jugendherberge mit den Jugendherbergseltern, den Lehrern und dem Bus.

<u>In der Jugendherberge</u>
die Jugendherberge, die Herbergsmutter, der Bus, die Lehrer
<u>Im Museum</u>
das Museum, der Struwwelpeter, Dr. Hoffmann
<u>Im Stadtzentrum</u>
die Zeil, die Kaufhäuser, die U-Bahnstation, der Römer,
das Goethehaus, der Main mit Passagierschiff
<u>Auf der Messe</u>
der Autor, der Buchhändler, das Interview, das Publikum

→ GD

4 Wo sollen die Plakate hängen?

Du hast das Wort!

Frau Schäfer macht Vorschläge. Du bist Frau Schäfer.

Du: Ein Plakat soll in der Aula hängen, ein anderes Plakat soll an … hängen.

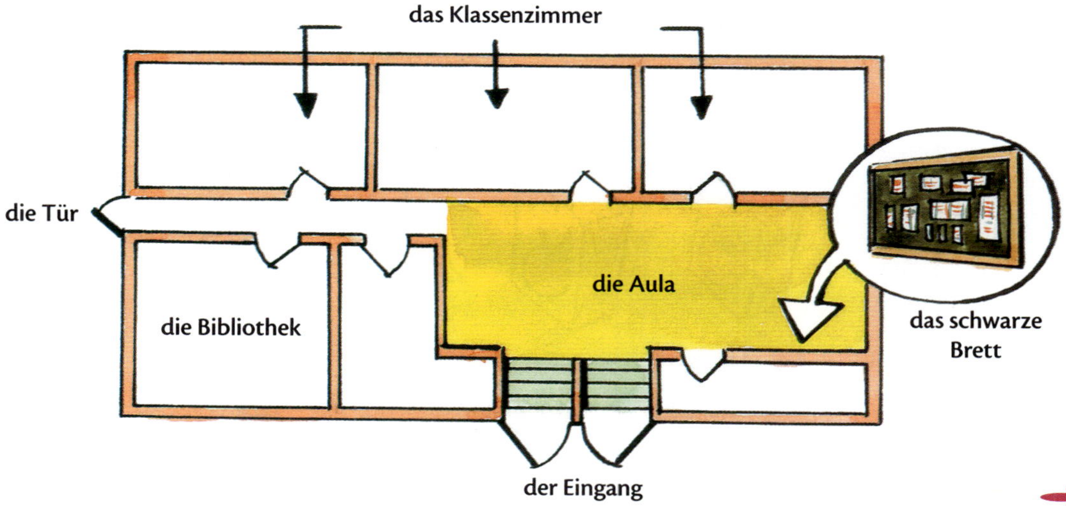

→ GE

→ Merk dir das!

5 Der Terminkalender ist voll

Unser Terminkalender für nächste Woche:

Montag: Einladungsbriefe schreiben und die Blumen bestellen

Dienstag: die Presse anrufen, die Eltern einladen und einen Termin ausmachen

Mittwoch: die Plakate aufhängen

Donnerstag: das Klassenzimmer aufräumen, putzen und vorbereiten

Freitag: die Aula sauber machen und dekorieren

Schau und erzähle!

Was müssen die Schüler noch (alles) machen und wann?

Du: Am Montag müssen sie die Blumen bestellen.
Am Dienstag …

Akt 3

In der großen Pause

1 Was hat der Hausmeister anzubieten?

a Hör und wiederhole!

Getränke

Orangensaft

Apfelsaft

Tee

Kaffee

Kakao

Joghurt

Milch

Cola

Buttermilch

Snacks

Kuchen

Schokoriegel

Müsliriegel

Wurstbrötchen

Käsebrötchen

Banane

Orange

Tüte Chips

Tafel Schokolade

Portion Pizza

b Schau und sprich!

Was essen und trinken Michael und seine Freunde gern? Du bist ein(e) SchülerIn aus Michaels Klasse: Du stellst eine Frage, dein(e) PartnerIn antwortet.

Du: Trinkt Michael gern Milch? / Mag Michael Milch?
Dein(e) PartnerIn: Nein, er trinkt nicht gern Milch! / Nein, er mag keine Milch! Er trinkt lieber Cola!

→ GF GG

c Du hast das Wort!

Was sagen die Schüler zum Hausmeister? Du bist ein(e) SchülerIn und möchtest etwas kaufen.

Du: Ich hätte gern ein Stück Kuchen, bitte!
Der Hausmeister: Tut mir Leid, ich habe keinen Kuchen mehr.

→ GG

2 Das Klassenfoto

Du hast das Wort!

Michael zeigt David ein Foto von seiner Klasse. Du bist Michael.

Du: Schau mal, David. Das Mädchen mit der Brille, das ist Steffi.

3 Davids Foto (Siehe Seite 29)

a Beschreibe das Bild und / oder stell Fragen!

David zeigt seinen Freunden ein Foto von seinen Vorfahren. Was sehen die Freunde auf dem Foto?

Du: Auf dem Bild …

b Hör und wiederhole!

Il a de la famille en Allemagne.	Er hat Verwandte in Deutschland.
le bateau	das Schiff
l'arrière grand-père	der Urgroßvater

Merk dir das!

c Hör zu!

Was wollen Michaels Mitschüler wissen?

Laura: Los, Michael, jetzt erzähl uns die Geschichte von Davids Familie! Was weißt du noch? Wer sind die Leute auf dem Foto?
Michael: Also, der junge Mann hier ist Davids Ururgroßvater.
Laura: Wau! Das Foto ist aber alt! Und wo ist das?
Michael: Das ist in Bremerhaven.
Laura: Was tun die Leute da? Warum stehen sie vor einem Schiff?
Michael: Weil sie mit dem Schiff nach Amerika fahren wollen.
Laura: Nach Amerika?! Aber warum denn das?
Michael: Das weiß David auch nicht!
Laura: Und warum ist David jetzt hier? Ach so! Jetzt verstehe ich! David ist hier in Deutschland, weil er gern die Geschichte von seinen Vorfahren kennen lernen möchte.
Michael: Richtig! Und er hat vielleicht noch Verwandte in Deutschland.
Laura: Warum spricht er dann kein Deutsch?
Michael: Weil seine Eltern auch schon kein Deutsch mehr sprechen. Aber David möchte es hier lernen.
Laura: Du, Michael, ich habe eine Idee. Vielleicht können wir David helfen.
Michael: O ja gern, aber wie? Was können wir machen?
Laura: Weißt du, meine Kusine Anke wohnt in Bremerhaven…

→ GH

d Du hast das Wort!

Warum ist das Foto so interessant?

Du: …

4 Die Schüler wollen David helfen

Du hast das Wort!

Was können die Schüler machen?

Du: Sie können Lauras Kusine anrufen.
Laura kann …

erste Hilfe

jdn an/rufen - jdn fragen - jdm schreiben - im Internet suchen - unter dem Stichwort … nach/schauen - die Homepage / die Internetseite besuchen

A L'expression de la nécessité par le verbe *müssen*

Le verbe **müssen** *sert à exprimer la nécessité, le* ***caractère contraignant****, voire incontournable d'une action :*

Viele Schüler müssen jeden Tag früh aufstehen: Der Schulbus fährt ja um 7 Uhr.
Bitte, wo ist die Toilette? Ich muss mal!

Comme les autres verbes de modalité (können, wollen, dürfen *et* sollen)*, le verbe* **müssen** *a une conjugaison particulière au singulier :*

ich	mussø	wir	müssen
du	musst	ihr	müsst
er / sie	mussø	sie / Sie	müssen

On rapprochera ce verbe de son équivalent anglais **must***.*
I must go home.

1 Contraignant, et vraiment incontournable !

Formule ce que chaque personne indiquée doit obligatoirement faire.

Exemple : mit dem Bus fahren *(Michael und David)* → **Michael und David müssen mit dem Bus fahren.**

1. in die Stadt fahren *(Sybille)* - 2. mit ihrem Fahrrad fahren *(sie)* - 3. für den Mathetest lernen *(ihr)* - 4. David alles erklären *(Michael und seine Freunde)* - 5. auch am Mittwoch in die Schule gehen *(wir)* - 6. auch jeden Tag früh aufstehen *(ich)* - 7. mir heute helfen *(du)*

B Les prépositions *an*, *in* et *um* pour situer dans le temps

- ***Pour situer un fait dans le temps****, on peut employer un* ***groupe prépositionnel*** *introduit par la préposition* **an** *ou par la préposition* **in***, suivies du* ***datif****.*

  On emploie **an** *lorsqu'on désigne un* ***jour*** *ou une* ***partie de la journée*** *:*

  am 1. Weihnachtstag - am 1. Januar - am Montag - am Nachmittag

  On emploie **in** *lorsqu'on désigne un* ***mois****, une* ***saison*** *:*

  im Januar, im Februar, im März… - im Sommer, im Herbst, im Winter, im Frühjahr

  ou une autre portion de temps (cours, pause, vacances) :

  in der ersten Stunde - in der Pause - in den Ferien

- *On emploie* **um** *pour indiquer une* ***heure*** *:*

  um zwölf - um halb vier - um Mitternacht

An *et* **in** *se contractent avec* ***l'article défini masculin*** *:* am Montag - im Winter
L'anglais emploie **on** *pour les jours et* **in** *pour les saisons :* on Monday - in the summer

2 C'est ainsi chez nous, en France

Décris les faits évoqués en commençant par les situer dans le temps.

Exemple : zwei Wochen Ferien haben *(Dezember)* → **Im Dezember haben wir zwei Wochen Ferien.**

1. Sommerferien haben *(Juli und August)* - 2. Unterricht haben *(Nachmittag)* - 3. keinen Unterricht haben *(Mittwochnachmittag)* - 4. Radio hören *(7 Uhr)* - 5. die Schule nicht verlassen dürfen *(Pause)* - 6. Hausaufgaben machen müssen *(Abend)* - 7. keine Schule haben *(1. Mai und 8. Mai)*

C Les déterminatifs possessifs au pluriel

Les déterminatifs qui renvoient aux ***possesseurs*** *sont au pluriel :*

1re pers. :	**unser-**	
2e pers. :	**euer-**	
3e pers. :	**ihr-**	*forme de politesse :* **Ihr-**

Rappel : *les déterminatifs possessifs ont le* ***même marquage que*** **ein-** *:*

	MASCULIN	NEUTRE	FÉMININ	PLURIEL
nom.	unserø Lehrer	unserø Problem	unsere Schule	unsere Eltern
acc.	unseren Lehrer	unserø Problem	unsere Schule	unsere Eltern
dat.	unserem Lehrer	unserem Problem	unserer Schule	unseren Eltern

Remarque : *la forme* euer- *perd le* -e- *lorsque la marque de cas et genre est apparente :*

nom. Wo steht euer Auto? Wo steht euer Bus? Wie heißt eure Schule?
acc. Fragt doch euren Lehrer oder eure Lehrerin!
dat. Ich fahre gern in eurem Auto!

3 Eux, nous et vous...

Dans les groupes nominaux soulignés, remplace l'article par le possessif qui convient.

Exemple : In dem Klassenzimmer haben wir eine Deutschlandkarte.
→ **In unserem Klassenzimmer haben wir eine Deutschlandkarte.**

1. Die Schüler aus Weimar haben jetzt viele Fotos in dem Klassenzimmer. Der Schulleiter freut sich! - 2. Der Klassenlehrer gibt uns manchmal einen Brief für die Eltern. - 3. Wie findet ihr die Klassenlehrerin? und den Schulleiter? - 4. Wir finden den Klassenlehrer wirklich cool! Aber der Direktor ist manchmal komisch… - 5. Auf dem Schulhof haben wir leider keine Bäume! Es ist im Sommer sehr warm in der Schule. - 6. Und wie ist es bei euch, in der Schule?

D Les prépositions toujours suivies du datif

Certaines prépositions sont ***toujours suivies du datif****.*

- **aus** *(qui exprime l'origine ou la sortie) :*
  David kommt aus den USA. // Hol mir bitte einen Joghurt aus dem Kühlschrank!
- **bei** *(qui exprime la proximité par rapport à un repère qui désigne souvent des humains) :*
  David wohnt jetzt bei seinem Freund Michael.
- **mit** *(qui exprime l'accompagnement, et souvent une relation instrumentale) :*
  Ich gehe mit meiner Freundin in die Stadt. // Er schreibt alles mit der Hand.
- **von** *(qui exprime le point de départ et qui sert dans la détermination d'un nom) :*
  ein Foto von meinem Hund // Ich komme gerade von der Schule.
- **zu** *(qui indique le point ou la personne vers lequel / laquelle on se dirige) :*
  Die Linie 8 fährt zur Messe und dann zum Bahnhof. // Ich gehe heute zu meiner Kusine.

On observera la parenté avec la préposition anglaise **to** *:* I go to my friend's place.
On a en anglais l'opposition to - at*, qui correspond souvent à l'opposition* zu - bei *en allemand :*
I go to the railway station. // Ich gehe zum Bahnhof.

4 C'est le motif de la photo qui importe !

Apporte la précision nécessaire.

Exemple : Zeig mir bitte ein Foto! *(deine Eltern)* → **Zeig mir bitte ein Foto von deinen Eltern!**

1. Zeig mir bitte ein Foto! *(dein Haus)* - 2. Hast du ein Foto? *(deine Schwester)* - 3. Komm, ich zeig dir ein Foto! *(mein Freund)* - 4. Gib mir bitte ein Foto! *(du und deine Eltern)*

E Les prépositions *an*, *auf* et *in* pour situer dans l'espace

Pour ***situer un objet ou un fait dans l'espace****, on peut employer les prépositions* an, auf *ou* in *suivies du* ***datif****. La relation exprimée est locative.*

- La préposition an *s'emploie lorsque le repère est une* ***surface verticale*** *ou est vu comme un simple* ***point*** *:*

Alle Informationen stehen am schwarzen Brett.
Michael und seine Schwester sind am Bahnhof.

- La préposition auf *s'emploie lorsque le repère est une* ***surface plane****, ouverte :*

Auf dem Schulhof ist auch ein Getränkeautomat.

- La préposition in *s'emploie lorsque le repère est un* ***volume fermé*** *:*

Wir essen immer in der Schule. // In unserem Klassenzimmer hängen viele Plakate.

Remarque : an *et* in *se contractent avec l'article défini masculin et neutre :*

am Bahnhof, im Bus, im Klassenzimmer, im Auto

5 Il suffit de savoir où !

Précise le lieu en te servant de l'indication entre parenthèses.

Exemple : Ist hier ein Getränkeautomat? *(der Schulhof)*
→ **Ja, auf dem Schulhof ist ein Getränkeautomat!**

1. Ist hier eine Toilette? *(das Haus B)* - 2. Ist hier ein Geldautomat? *(der Bahnhof)* - 3. Ist hier ein Fahrplan? *(die Haltestelle)* - 4. Ist hier ein Sekretariat? *(die Halle)* - 5. Ist hier eine Deutschlandkarte? *(die Tür)* - 6. Ist hier ein Informationsbrett? *(die Aula)*

F Le verbe *mögen*

- *Le verbe* mögen*, complété par un groupe nominal, s'emploie pour dire* ***ce que l'on aime boire ou manger*** *:* Ich mag Milch, aber ich mag auch gern Saft.

Il s'emploie également lorsque l'objet désigne ***une personne que l'on trouve sympathique*** *:*

Die Kinder mögen ihre Lehrerin.

La conjugaison de ce verbe est particulière au singulier : ich magø, du magst, er / sie magø

- *Pour indiquer ce qu'on* ***aimerait*** *boire ou manger, on emploie la forme* **möchte-** *:*

ich **möchteø**, du **möchtest**, er / sie **möchteø**
wir **möchten**, ihr **möchtet**, sie / Sie **möchten**
Ich möchte (gern) ein Stück Kuchen! Was möchten Sie?

Cette forme s'emploie aussi, comme un verbe de modalité, ***avec un groupe à l'infinitif*** *désignant toute autre activité :* Möchtest du mitkommen? Ich möchte Sie etwas fragen…

6 Et les autres ?

Assure-toi des goûts de personnes qui t'entourent en leur posant la question.

Exemple : Ich esse im Winter gern Bananen. *(du)*
→ **Ich esse im Winter gern Bananen. Und du, magst du auch Bananen im Winter?**

1. Ich esse zum Frühstück gern Müsli. *(du)* - 2. Am Abend esse ich gern Pizza. *(ihr)* - 3. Am Nachmittag trinke ich gern Apfelsaft. *(Sie)* - 4. In der Pause trinke ich gern Milch. *(du)* - 5. Zum Frühstück trinke ich gern Tee. *(deine Eltern)*

G L'article négatif *kein-*

L'article négatif exprimant la quantité zéro est **kein-**.
Il s'emploie aussi bien dans le domaine du comptable :

Hat Michael einen Bruder? Nein, er hat keinen Bruder.
Hat er Haustiere? Nein, er hat keine Haustiere.

que dans le domaine du non-comptable (massif) :

Magst du Milch? Nein, ich mag keine Milch.
Trinkst du Kaffee? Nein, ich trinke keinen Kaffee.

***Remarque :** la négation de* „gern Milch trinken" *ou* „gern Schokolade essen" *est* „Milch nicht gern trinken" *et* „Schokolade nicht gern essen", *car la négation ne porte que sur l'adverbe* „gern".

7 Rien de tout ça !

Réponds aux questions par la forme négative.

Exemple : Magst du Bier? → **Nein, ich mag kein Bier!**

1. Magst du Kaffee? - 2. Trinken deine Eltern Wein? - 3. Nimmst du Milch zum Kaffee? - 4. Magst du Apfelsaft? - 5. Isst du Wurst? - 6. Darfst du Schokolade essen? - 7. Dürfen wir Bier trinken?

H La subordonnée en *weil* pour donner une explication

Pour répondre à une question de type „warum?", *on emploie une proposition introduite par la conjonction* weil, *qui* ***fournit l'explication demandée*** *:*

Warum ist David jetzt in Weimar?
Weil er Michael seinen Rucksack zurückbringen will.

Dans la proposition introduite par weil, *le verbe garde* ***sa place finale****. Cette place du verbe est caractéristique de la subordonnée :*

David bleibt in Weimar, weil die Stadt schön ist und weil er sie fotografieren möchte.

8 De bonnes raisons de se comporter ainsi...

Donne l'explication nécessaire.

Exemple : Warum gehst du so schnell? *(keine Zeit haben)* → **Weil ich keine Zeit habe!**

1. Warum kommst du immer so spät? *(keine Uhr haben)* - 2. Warum bist du heute so müde? *(im Moment viel lernen müssen)* - 3. Warum isst du keinen Käse? *(nicht so gern Käse essen)* - 4. Warum isst du aber so viel Eis? *(Eis mögen)* - 5. Warum darfst du nicht mitkommen? *(zu Hause helfen müssen)*

Lauter Laute!

Aussprache

[g]	[k]	[b]	[p]	[d]	[t]	Le son [n̩] syllabique	
fragen	fragt	geben	gibt	Kinder	Kind	können	vierten
tragen	trägt	haben	habt	leider	Leid	ersten	bringen
bringen	bringt	kleben	klebt	Radiergummi	Rad	zweiten	ihnen
singen	singt	schreiben	schreibt	Badezimmer	Bad	dritten	haben

[ʃ] Stadt - stehen - Straße - Stunde - Sport - Spiel - Sprache

Betonung

Mathe	Religion	Mathearbeit
Englisch	Geschichte	Englischtest
Arbeit	Projekt	Projektarbeit
Unterricht	Termin	Terminkalender

In der ersten Stunde schreiben wir eine °Mathearbeit!
Es tut mir °Leid, ich kann dir °nicht helfen, ich muss jetzt in die °Stadt fahren.
Du kannst ja in der Biblio°thek warten.

Wortschatz

Classe le lexique suivant selon les différents besoins.

a. *Cherche l'intrus !*

zum Backen	zum Basteln	für die Reise	für die Party
(e) Butter	(e) Schere	(e) Fahrkarte	(pl.) CDs
(pl.) Eier	(pl.) Stifte	(s) Bett	(pl.) Getränke
(r) Klebstift	(e) Butter	(s) Picknick	(e) Musik
(s) Mehl	(r) Bleistift	(r) Fahrplan	(pl.) Kekse
(r) Zucker	(s) Stroh	(s) Geld	(s) Übungsheft
(pl.) Nüsse	(e) Milch	(r) Koffer	(pl.) Papierservietten

b. *Exprime ce dont tu as besoin.*
Ex. : Für die Reise brauche ich Geld.

Das hab' ich gern!

Rote Kirschen habe ich gern,
Schwarze noch viel lieber.
In die Schule gehe ich gern,
Ferien habe ich lieber.

Je fais le point

Je suis capable de comprendre et m'exprimer dans les situations suivantes :

ÉCOUTER

Je peux...

- comprendre des questions concernant mon emploi du temps, — Akt 1, 2a (p. 86)
- comprendre dans une conversation ce qui concerne une personne que je connais. — Akt 2, 2b (p. 89) / Akt 3, 3c (p. 95)

PARLER

Je peux...

- indiquer mon emploi du temps, — Akt 1, 4a (p. 87)
- comparer mon emploi du temps avec un emploi du temps allemand, — Akt 1, 4b (p. 87)
- donner très simplement mon avis sur un sujet familier (l'école), — Akt 2, 1 (p. 88)
- dire quels sont les objets nécessaires pour effectuer une tâche, — Akt 2, 3 (p. 90)
- décrire des personnes en donnant une caractéristique, — Akt 3, 2 (p. 94)
- décrire une illustration. — Akt 3, 3 (p. 94)

LIRE

Je peux...

- comprendre un emploi du temps, — Akt 1, 4a (p. 87)
- comprendre des consignes simples exprimées sous forme de mots clés, — Akt 2, 3 (p. 90) / Akt 2, 5 (p. 91)
- comprendre un bulletin scolaire allemand, — Einblicke (p. 102-103)
- comprendre des textes brefs commentant des photographies, — Einblicke (p. 102-103)
- comprendre les informations sur une carte d'identité scolaire. — Einblicke (p. 103)

ÉCRIRE

Je peux...

- présenter mon école en prenant appui sur un modèle. — Einblicke (p. 102-103)

Je suis capable de mobiliser les acquis linguistiques suivants en situation de communication

- utiliser le verbe « müssen » pour exprimer le caractère contraignant d'une action,
- utiliser les prépositions adéquates pour donner des indications temporelles,
- utiliser les prépositions adéquates pour donner des indications spatiales,
- utiliser le verbe « mögen » pour dire ce que j'aime ou ce que je voudrais,
- utiliser une subordonnée en « weil » pour répondre à une question en « warum ? ».

J'ai découvert des stratégies pour apprendre et utiliser une langue étrangère

- repérer les différentes manières dont une même personne peut être désignée dans un même texte, — Akt 2, 2b
- apprendre le vocabulaire en le reliant à la situation dans laquelle il est utilisé. — Wortschatz

Einblicke

1. Schau dir die Fotos an und lies die Texte!
2. Stell deine Schule vor! (Du kannst auch ein Plakat mit Fotos machen!)

Schnell! Das Rad parken, denn in 5 Minuten fängt der Unterricht an!

Alexandra und Anke stehen an der Tafel und spielen eine Szene aus *Wilhelm Tell*. Toll! Alexandra spielt so gern und so gut Theater!

Schnell noch einmal in die Bücher schauen! In der nächsten Stunde schreiben wir einen Mathetest!

Große Pause – Wir haben Hunger! Zum Glück gibt es Milch, Brötchen und auch etwas Süßes...

Hurra! Endlich haben wir die neue Kletterwand im Schulhof.

Schule ein bisschen anders...

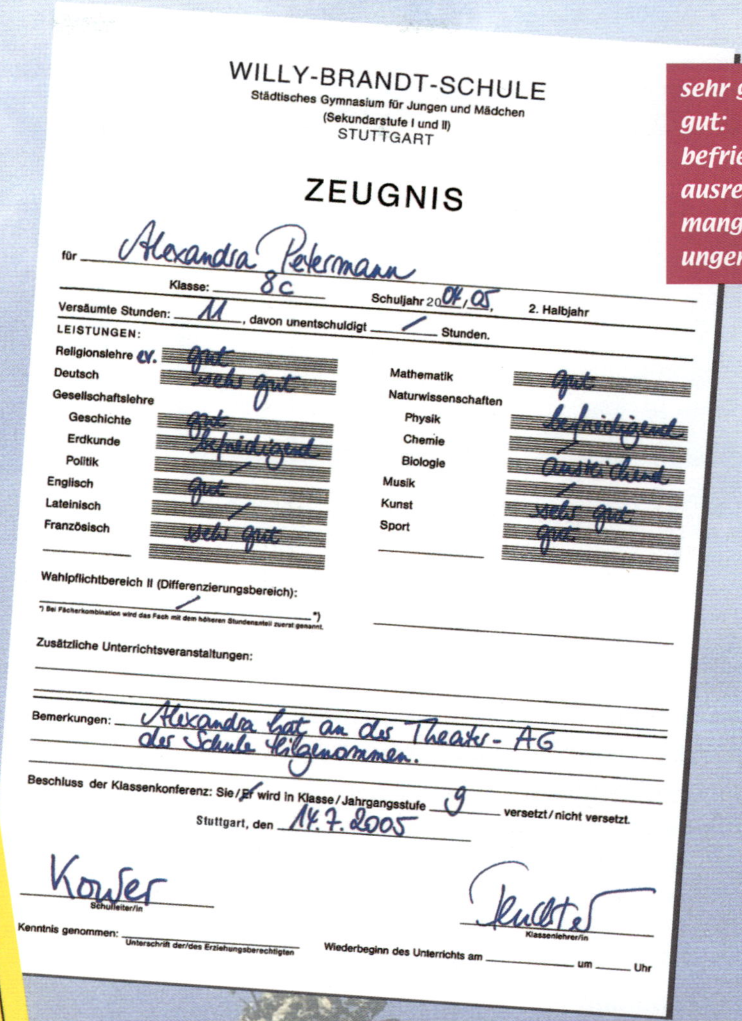

WILLY-BRANDT-SCHULE
Städtisches Gymnasium für Jungen und Mädchen
(Sekundarstufe I und II)
STUTTGART

ZEUGNIS

für Alexandra Petermann

Klasse: 8c Schuljahr 2004/05 2. Halbjahr

Versäumte Stunden: 11, davon unentschuldigt – Stunden.

LEISTUNGEN:

Religionslehre ev.	gut	Mathematik	gut
Deutsch	sehr gut	Naturwissenschaften	
Gesellschaftslehre		Physik	befriedigend
Geschichte	gut	Chemie	
Erdkunde	befriedigend	Biologie	ausreichend
Politik		Musik	
Englisch	gut	Kunst	sehr gut
Lateinisch		Sport	gut
Französisch	sehr gut		

Wahlpflichtbereich II (Differenzierungsbereich): –

Zusätzliche Unterrichtsveranstaltungen:

Bemerkungen: Alexandra hat an der Theater-AG der Schule teilgenommen.

Beschluss der Klassenkonferenz: Sie/Er wird in Klasse/Jahrgangsstufe 9 versetzt/nicht versetzt.

Stuttgart, den 14.7.2005

Kowser — Schulleiter/in

Kenntnis genommen: Unterschrift der/des Erziehungsberechtigten

Wiederbeginn des Unterrichts am ... um ... Uhr

Klassenlehrer/in

sehr gut:	*1*
gut:	*2*
befriedigend:	*3*
ausreichend:	*4*
mangelhaft:	*5*
ungenügend:	*6*

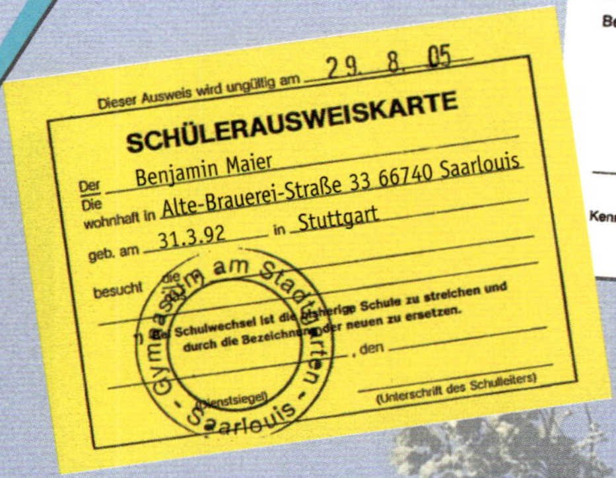

Dieser Ausweis wird ungültig am 29. 8. 05

SCHÜLERAUSWEISKARTE

Der/Die Benjamin Maier
wohnhaft in Alte-Brauerei-Straße 33 66740 Saarlouis
geb. am 31.3.92 in Stuttgart
besucht die Gymnasium am Stadtgarten
Bei Schulwechsel ist die bisherige Schule zu streichen und durch die Bezeichnung der neuen zu ersetzen.
(Dienstsiegel) ..., den ...
(Unterschrift des Schulleiters)

Alexandra ist eine gute Schülerin, oder? In welchen Fächern hat sie Schwierigkeiten?

Ferien! Super! 6 Wochen keine Schule...

Die Sommerferien in Deutschland 2006

Land	Sommer 2006
Baden-Württemberg	03.08. - 15.09.
Bayern	31.07. - 11.09.
Berlin	06.07. - 19.08.
Brandenburg	06.07. - 19.08.
Bremen	20.07. - 30.08.
Hamburg	06.07. - 16.08.
Hessen	17.07. - 25.08.
Mecklenburg-Vorpommern	10.07. - 19.08.
Niedersachsen	20.07. - 30.08.
Nordrhein-Westfalen	26.06. - 08.08.
Rheinland-Pfalz	17.07. - 25.08.
Saarland	17.07. - 26.08.
Sachsen	24.07. - 01.09.
Sachsen-Anhalt	20.07. - 30.08.
Schleswig-Holstein	10.07. - 19.08.
Thüringen	20.07. - 30.08.

Objectifs

Dans ce chapitre, tu vas apprendre

→ *à comprendre et à t'exprimer*

- demander son chemin
- faire le bilan de ce qui est achevé
- désigner une personne ou une chose en la caractérisant
- faire une hypothèse et en tirer une conclusion
- décrire un trajet

→ *à observer comment fonctionne la langue*

- le parfait
- la subordonnée en *wenn*
- le groupe nominal avec adjectif épithète
- la subordonnée complétive en *dass*

en la comparant à d'autres langues

- le déterminatif interrogatif *welch-* et l'anglais *which*
- le prétérit des verbes *sein* et *haben*
- le système des verbes forts en allemand et en anglais

→ *à connaître les pays germanophones*

les transports

Kapitel 6

Der lange Weg in die neue Heimat

Wie findet David seine Vorfahren?

Akt 1 Ankunft in Bremerhaven

1 Vor dem Bahnhof

a Hör zu und lies die Bildgeschichte mit!

Die Dame will David helfen. Welche Fragen stellt sie?

→ GA

b Du hast das Wort!

David informiert sich jetzt über die Straßenbahn. Du bist David. Dein(e) PartnerIn gibt dir die Informationen.

Du: Ich suche die Goethestraße. Welche Straßenbahn … ? / Welche Linie … ?
Dein(e) PartnerIn: Es ist die Linie …

erste Hilfe
(e) Linie: *la ligne* - **(e) Haltestelle:** *l'arrêt* - **(e) Richtung:** *la direction*

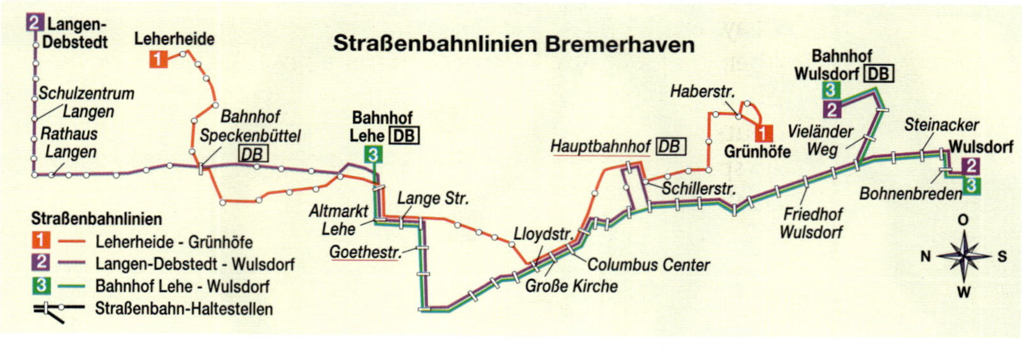

2 An der Straßenbahnhaltestelle

a Hör und wiederhole!

à gauche	links	*le feu de circulation*	die Ampel
à droite	rechts	*au feu*	an der Ampel
tourner à droite	nach rechts gehen	*jusqu'au feu*	bis zur Ampel
tout droit	geradeaus		

b Hör zu!

Wie findet David die Goethestraße?

David: Entschuldigung, wie komme ich zur Goethestraße?
Ein Mann: Tut mir Leid, ich bin nicht von hier.
David: Entschuldigung, sind Sie von hier?
Ein 2. Mann: Ja, aber ich habe keine Zeit. Mein Bus kommt jetzt.
David: ... Sorry, I don't understand.
David: Entschuldigung, haben Sie Zeit... Sind Sie von hier?
Eine Frau: Aber klar, was suchen Sie denn?
David: Die Goethestraße.
Die Frau: Moment mal, ach ja, da gehen Sie die Hafenstraße geradeaus bis zur Ampel...
David: Die Hafenstraße geradeaus bis zur Ampel...
Die Frau: Ja, an der Ampel dann nach rechts in die Marlene-Dietrich-Straße...
David: Dann nach rechts in die Marlene-Dietrich-Straße...
Die Frau: Sie nehmen also die Marlene-Dietrich-Straße, gehen 50 Meter und da sehen Sie schon links die Goethestraße!
David: Okay. Vielen Dank!
Die Frau: Aber, junger Mann, Sie sprechen mit einem Akzent?! Sind Sie nicht von hier?
David: I'm, o... ich bin Amerikaner und speak... o ich spreche nur ein wenig Deutsch.
Die Frau: Sie sprechen aber gut... Na dann, viel Spaß in Bremerhaven!
David: Danke schön! Auf Wiedersehen!

Stratégie 10

Akt 2 Bei Laus

1 David meldet sich bei Lauras Kusine

a Hör und wiederhole!

déranger qqn	jdn stören	*le bout de papier*	der Zettel
être stressé	im Stress sein	*personne*	niemand
remarquer qqch.	etwas bemerken	*envoyer*	schicken
apprendre qqch.	etwas lernen	*comme d'habitude*	wie immer

b Hör zu!

Wer ist im Stress? Warum?

Hannelore:	Hallo Anke! Wo bist du denn?
Anke:	Mutti, musst du mich jetzt stören? Ich bin so im Stress: Ich lerne gerade für meinen Englischtest!
Hannelore:	Ach Entschuldigung, aber ich bin auch im Stress! Stell dir vor: Bei mir zu Hause sitzt nämlich ein David Hoffmann. Sag mal, wer ist das überhaupt?
Anke:	Was? Hat Laura nicht mit dir telefoniert? Hat sie dich nicht informiert?
Hannelore:	Mit mir telefoniert? Nein, niemand hat mich informiert!
Anke:	Also, pass mal auf… David ist ein junger Amerikaner…
Hannelore:	Na ja, das habe ich gleich an seinem Akzent bemerkt. Aber was macht er bei uns in Bremerhaven?
Anke:	Hat er dir nicht von seinem Plan erzählt?
Hannelore:	Mir etwas erzählt? Auf Englisch?! Ich verstehe doch kein Englisch!
Anke:	Hast du ihm schon sein Zimmer gezeigt?
Hannelore:	Was? Er will hier bleiben! Komm sofort nach Hause! Ach, was ist das denn? Hier liegt ein Zettel!
Anke:	Was steht auf dem Zettel?
Hannelore:	„Laura hat telefoniert, sie schickt dir einen netten Amerikaner. Kann er für ein paar Tage bei uns wohnen?" Das hat dein Bruder notiert, aber er hat mir wie immer nichts gesagt.

→ GB

→ Merk dir das!

2 Wie kommt es, dass David in Bremerhaven ist?

Schau und erzähle!

David ist jetzt in Bremerhaven. Wie ist es dazu gekommen?

Du: Die Schüler haben im Internet gesucht. Sie haben …

erste Hilfe

jdm Fragen stellen - jdn fragen - im Internet suchen - Adressen aus dem Internet holen - E-Mails schicken - von einem Museum hören

Am Hafen

3 Wenn David Hilfe braucht, ...

Du hast das Wort!

Hannelore ist sehr gastfreundlich: David soll sich wie zu Hause fühlen. Du bist Hannelore.

Du: Wenn du etwas essen willst, dann geh in die Küche!

erste Hilfe

Hunger haben - Durst haben - fern/sehen - telefonieren - eine E-Mail schicken

→ GC

4 Anke soll den Kaffeetisch decken

Du hast das Wort!

Jetzt wollen Laus Kaffee trinken. Du bist Anke. Dein(e) PartnerIn ist Frau Lau.

Du: Mutti, welche Decke soll ich nehmen? Die blaue oder die weiße?
Dein(e) PartnerIn: Nimm doch die weiße Decke!
Du: Mutti, welche Servietten soll ich nehmen? Die roten oder die grünen?
Dein(e) PartnerIn: Nimm doch die roten Servietten!

erste Hilfe

(e) Tischdecke (n) - (e) Serviette (n) - (e) Tasse (n) - (e) Kaffeetasse (n) - (s) Kaffeeservice - (r) Teller (-)

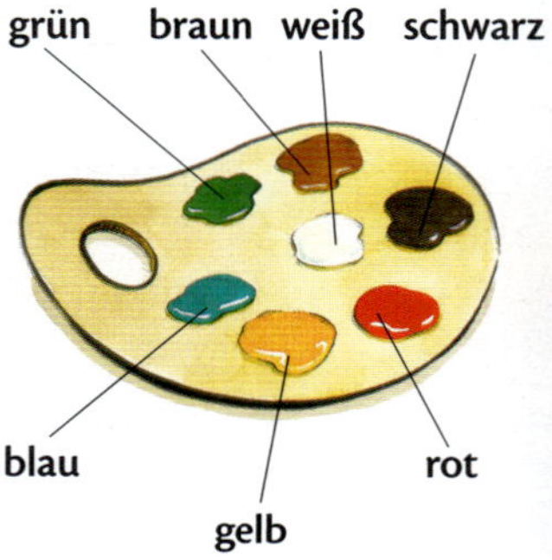

→ GD

Akt 3 Im Museum

1 Wie sind die Emigranten nach Amerika gekommen?

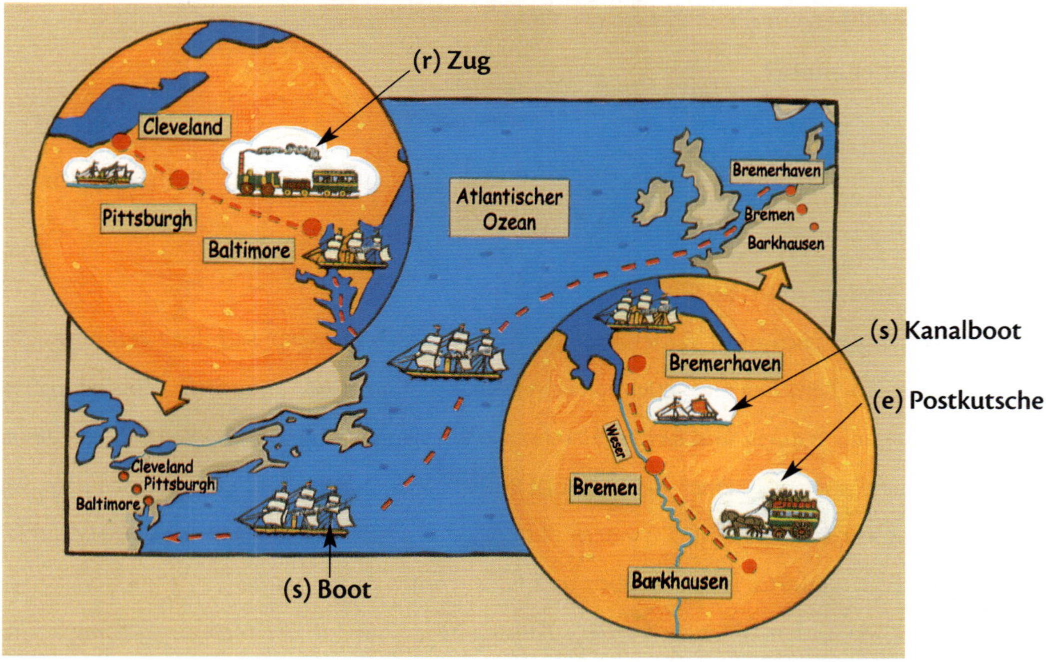

a Lies mal!

Im Museum findet David einen Bericht über die Emigration.
Welches sind die Etappen der Reise und die verschiedenen Verkehrsmittel?

Stratégie 11

Die Geschichte der Emigration nach Amerika von Ernst Böhning im Jahre 1843.

Im Jahre 1843 haben meine Eltern alles verkauft, das Haus, den Garten, … und die ganze Familie, Vater, Mutter und die sieben Kinder, ist nach Amerika emigriert. Nur der Hund und die Katze sind in Barkhausen geblieben[1]. Das war ein langer, langer Weg von Barkhausen nach Amerika.

Wir sind zuerst von Barkhausen nach Bremen gefahren, mit einer Postkutsche. Die erste Reise[2] hat drei Tage gedauert. In Bremen haben wir dann unsere Sachen auf ein Kanalboot geladen. Von Bremen nach Bremerhaven sind wir also mit einem Boot auf der Weser gefahren.

In Bremerhaven sind wir mit 182 Passagieren auf ein großes Schiff gegangen, denn wir hatten ja einen langen Weg, eine lange Reise vor uns; sechs Wochen, sechs Wochen auf dem Atlantik, sechs Wochen auf dem Ozean. Nach sechs Wochen sind wir in Baltimore angekommen. Das war also die erste Station in Amerika. Die zweite Station war Pittsburgh. Von Baltimore nach Pittsburgh sind wir mit dem Zug gefahren. Die Endstation war Cleveland. Von Pittsburgh nach Cleveland sind wir dann mit einem Boot gefahren. Eine lange Fahrt von Europa nach Amerika!

1. bleiben, geblieben: *rester* - 2. (e) Reise: *le voyage*

→ GE → Merk dir das!

b Du hast das Wort!

Rekapituliere die Reise der Familie Böhning.

Du: Familie Böhning ist mit der Postkutsche von Barkhausen nach Bremen gefahren. Dann …

2 Dinge erzählen Geschichte

Lies den Brief von Hermann Böhning!

Was hat er erlebt?

Baltimore, den 9. September 1843

Liebe Freunde!

Wir sind in Amerika. Endlich...

Wir haben euch nicht vergessen und ich will euch von unserer Seefahrt[1] erzählen. Es war ein langer Weg. An Bord hat man mich sofort von meiner Frau und von meinen Kindern getrennt[2]. Wir waren alle traurig und hatten Heimweh. Dann habe ich eine Koje[3] von $2 m^2$ bekommen. Stellt euch vor, 4 Personen in einer kleinen Koje! Nachts habe ich natürlich wenig geschlafen. Die Hygiene an Bord war katastrophal. Da waren Ratten und... keine Toilette, keine Hygiene. Natürlich sind viele an Pest, Malaria, usw. gestorben und haben Amerika nie gesehen.

Aber wir hatten Glück und unsere Familie ist gesund[4] in Baltimore angekommen. Wir wollen in den nächsten Tagen weiter nach Westen fahren.

Viele Grüße von Maria Eleonora und von den Kindern.

Euer Hermann Böhning.

1. (e) Seefahrt: *la traversée* - 2. trennen: *séparer* - 3. (e) Koje: *la cabine* - 4. gesund: *sain, en bonne santé*

→ Merk dir das!

3 Emigration unter der Lupe

a Du hast das Wort!

Warum sind Europäer nach Amerika emigriert?

Du: Die Familien hatten viele Kinder. Sie hatten nicht viel Platz und auch nicht viel Arbeit.

erste Hilfe

Probleme in Europa

- viele Kinder
- kleine Häuser/ nicht viel Platz
- Hunger
- keine Arbeit
- kein Geld
- Probleme mit dem Staat oder der Kirche
- keine politische Freiheit
- keine religiöse Freiheit

Perspektiven

- Arbeit für alle
- Land für alle
- Goldminen
- Verwandte

→ GF

b Schau dir die Tabelle an und kommentiere!

Wie viele Europäer sind nach Übersee gefahren?

Du: 1850 sind fast 50 000 Europäer nach Übersee gefahren.

erste Hilfe

fast: *presque* - ungefähr: *environ* - über: *plus de*

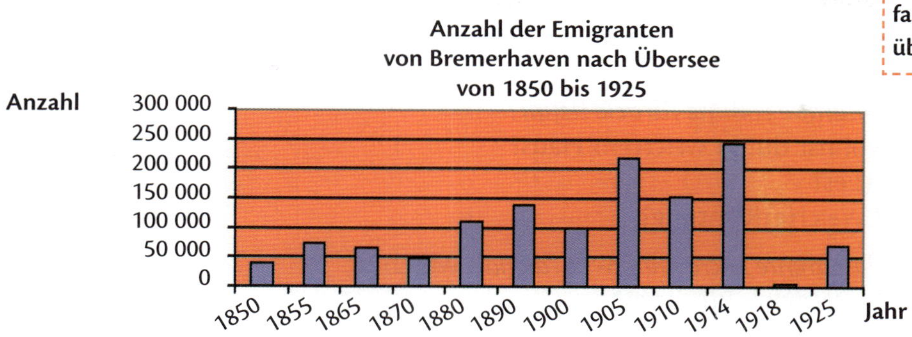

4 Davids Foto

Du hast das Wort!

Was ist geschehen?

Du: David hat …

erste Hilfe

in eine Vitrine schauen - ein Foto von Emigranten sehen - sein Foto aus dem Rucksack holen - die gleichen Personen wie auf seinem Foto sehen - seinen Namen und einen Stadtnamen entdecken - die wichtigen Informationen notieren

5 Was haben wir über die Emigration erfahren?

Rekapituliere!

SchülerIn 1: Wir wissen, dass die Leute damals kein Geld hatten.

SchülerIn 2: Wir wissen auch, dass …

→ GG

erste Hilfe

kein Geld haben - in Europa wenig Arbeit haben - viele Kinder haben - politische oder religiöse Probleme haben - eine komplizierte und lange Reise nach Amerika haben - Probleme auf der Reise haben - auf dem Schiff krank sein

A Interroger sur une caractéristique : *welch-*

*Lorsqu'on cherche à **identifier** une personne ou une chose **à travers une caractéristique**, on peut poser une question introduite par le déterminatif **welch-** suivi d'un nom :*

Welcher Bus fährt zum Zoo?

***La réponse** à ce type de question sert à désigner un ou plusieurs objets (ou personnes) en indiquant une **caractéristique** :* Es ist der Bus Nummer 8.

*Le déterminatif **welch-** est marqué comme l'article défini :*

In welch**er** Straße wohnst du? In welch**em** Haus?
Welch**es** Museum ist es?
Welch**e** Linie ist es? Welch**e** Richtung?

*On remarquera la parenté entre **welch-** et l'anglais **which** :*
Which bus is it? – Welcher Bus ist es?

1 Une curiosité bien utile !

Demande une précision sur ce que désigne le groupe souligné.

Exemple : David zeigt <u>ein Foto</u>. → **Welches Foto zeigt er denn?**

1. Michael will <u>die Leute</u> identifizieren. - 2. David kann ins <u>Museum</u> gehen. - 3. Informationen bekommt er vom <u>Reisebüro</u>. - 4. <u>Die Kusine</u> kann David helfen. - 5. <u>Der Lehrer</u> kann vielleicht auch helfen.

B Indiquer qu'une action ou un processus est achevé(e) : le parfait

• *Pour indiquer qu'une action est **achevée / terminée**, on emploie un **temps composé**, **le parfait**. Comme le passé composé français ou le **present perfect** anglais, il est formé d'un **verbe auxiliaire** (le plus souvent* haben*) et du **participe II** du verbe désignant l'action :*

Die Schüler haben Informationen im Internet gesucht.

*Le **participe II** se forme :*
*– pour les **verbes faibles** sur le radical du verbe avec le préfixe **ge-** et la marque **-(e)t**.*
*– pour les **verbes forts** sur le radical du verbe (parfois différent de celui de l'infinitif) avec le préfixe non accentué **ge-** et la marque **-en**.*

'hören	**ge**'hör**t**	schlafen	**ge**'schlaf**en**
'suchen	**ge**'such**t**	essen	**ge**'gess**en**
'fragen	**ge**'frag**t**	trinken	**ge**'trunk**en**
'schicken	**ge**'schick**t**		

*Le participe II **garde la place finale** du verbe. Seul l'auxiliaire se déplace en 1re ou 2e position :*

dem Lehrer Fragen stellen	Die Schüler haben dem Lehrer Fragen gestellt.
von einem Museum hören	Haben Sie von einem Museum gehört?
gut schlafen	Hast du gut geschlafen?

• *Le préfixe **ge- ne s'emploie pas** lorsque le verbe **n'est pas accentué sur la première syllabe** :*

Laura hat nicht alles er'zählt. Sie hat ihre Mutter nicht genau infor'miert.

• *Le préfixe* ge- ***s'intercale** entre le préverbe accentué et le verbe :*

'vorgestellt, 'mitgemacht, 'mitgenommen, 'ferngesehen

• *Les **verbes forts** peuvent être rangés (et appris !) par **séries** :*

sprechen - gesprochen	sehen - gesehen	
helfen - geholfen	lesen - gelesen	
nehmen - genommen	essen - gegessen	vergessen - vergessen

Le principe de formation du participe est le même en anglais avec les marques -ed *et* -en *:* played - asked - forgotten - given

2 C'est déjà fait !

Les conseils arrivent trop tard. Réagis selon le modèle.

Exemple : Du kannst doch deinen Klassenlehrer fragen!

→ **Aber ich habe meinen Klassenlehrer schon gefragt!**

1. Du kannst ja deine Fragen dem Geschichtslehrer stellen. - 2. Du kannst ja meine Telefonnummer notieren. - 3. Du kannst doch das Historische Museum besuchen! - 4. Du kannst dich doch in der Bibliothek informieren! - 5. Du kannst vielleicht auch im Internet suchen.

C L'expression de l'hypothèse : l'emploi de *wenn*

*Pour **faire une hypothèse**, désigner un fait qui peut se produire et dont on va tirer une conclusion, on emploie une proposition introduite par la conjonction de subordination* **wenn**.

- *Comme dans toute subordonnée, le verbe conjugué **garde sa place finale**.*
- *Comme en français, la proposition subordonnée en* **wenn** ***occupe souvent la 1re place dans l'énoncé** déclaratif. Elle est alors immédiatement suivie du verbe principal :*

Wenn du telefonieren willst, ist es kein Problem.
(Wenn du telefonieren willst = 1re place ; ist = V2)

La subordonnée en tête peut être reprise par l'adverbe **dann** *:*

Wenn du eine E-Mail schicken willst, **dann** ist es auch kein Problem.
Wenn du etwas nicht weißt, **dann** frag meine Mutter!

3 Et quand ça arrive...

Pars des hypothèses évoquées, pour en indiquer les conséquences.

Exemple : Jana will lesen – *in die Bibliothek gehen.*

→ **Wenn Jana lesen will, geht sie in die Bibliothek.**

1. Laura will Musik hören - *in ihrem Zimmer bleiben* – 2. Michael ist traurig - *mit seinen Freunden sprechen* – 3. David will etwas wissen - *Sybille fragen* – 4. Sevgi will tanzen - *Freunde einladen* – 5. Frau Lau braucht Hilfe - *Anke rufen*

D Le groupe nominal défini avec adjectif épithète

*Dans le groupe nominal, **l'adjectif épithète est toujours** placé devant le nom qu'il qualifie et il est marqué.*
Il porte une marque qui dépend du déterminatif qui le précède : après l'article défini, la marque de l'adjectif est **-e** *après* der *(nom. sg.),* das *et* die *(nominatif et acc. sg.) et* **-(e)n** *dans tous les autres cas.*

der alt**e** Mann	für den jung**en** Mann	
das alt**e** Foto	auf dem groß**en** Schiff	
die jung**e** Dame	mit der jung**en** Dame	die blau**en** Servietten

[Voir le tableau dans le précis grammatical, p. 127.]

En anglais aussi l'épithète précède toujours le nom : the blue car, a difficult question.

4 Annoncez la couleur !

Réponds aux questions posées en utilisant l'adjectif donné entre parenthèses.

Exemple : Welches Foto gefällt dir besser? *(neu)* → **Das neue Foto gefällt mir besser.**

1. Welche Hose gefällt dir besser? *(weiß)* - 2. Welcher Bus fährt zum Bahnhof? *(gelb)* -
3. Welches T-Shirt ziehst du heute Abend an? *(grün)* - 4. Welchen Pulli nimmst du mit? *(blau)* -
5. Welche Schuhe ziehst du morgen an? *(schwarz)* - 6. Welche Jacke nimmst du mit? *(rot)*

E Le parfait avec l'auxiliaire *sein*

Lorsque le verbe n'est ***pas transitif*** *(= il n'a pas de complément à l'accusatif) et qu'il indique un* ***changement de lieu ou d'état****, il forme le parfait avec l'auxiliaire* **sein** *:*

David **ist** nach Bremerhaven gefahren.
Er **ist** gleich zu Familie Lau gegangen.
Viele Leute **sind** nach Amerika emigriert.
Damals **sind** viele Leute relativ jung gestorben.

Le verbe **bleiben** *se conjugue également avec l'auxiliaire* **sein** *:*

Ein Teil von der Familie **ist** in Europa geblieben.

5 Rude journée !

Fais le point sur la rude journée de Mme Lau, infirmière à la campagne.

Exemple : früh aufstehen → **Frau Lau ist früh aufgestanden.**

1. in die Klinik fahren - 2. 5 Stunden dort bleiben - 3. einen kranken Mann zu Hause besuchen - 4. mit ihm lange sprechen - 5. für ihn einkaufen gehen - 6. schnell wieder in die Klinik fahren - 7. abends sehr müde zu Hause ankommen - 8. mit der Familie etwas essen und ins Bett gehen

F Le prétérit des verbes *sein* et *haben*

Pour faire un ***récit d'événements qui se sont produits dans le passé****, on emploie le* **prétérit**. *Ce temps sert à présenter des événements dans leur déroulement.*

Le prétérit des verbes **sein** *et* **haben** *est le suivant :*

ich	warø	ich	hatteø
du	warst	du	hattest
er / sie	warø	er /sie	hatteø
wir	waren	wir	hatten
ihr	wart	ihr	hattet
sie / Sie	waren	sie / Sie	hatten

Au prétérit, à la différence du présent, ***la marque de 1re et de 3e personne du singulier est*** *-ø.*

On remarque que le prétérit du verbe **sein** *se forme sur un radical différent de celui de l'infinitif, proche de celui du prétérit anglais de* **be** (I was, we were).

6 Un drôle de rêve...

Lis le récit suivant, en mettant les verbes entre parenthèses au prétérit.

Herr Schaum *(haben)* gestern einen komischen Traum[1]. Es *(sein)* Nacht und er *(sein)* in der Stadt. Seine Kinder *(sein)* allein zu Hause, sie *(haben)* nämlich viele Hausaufgaben. Seine Frau *(sein)* auf einer Reise. Um Mitternacht *(sein)* plötzlich ganz viele Leute auf den Straßen, und auch seine Frau und seine Kinder *(sein)* da, aber sie *(sein)* ganz anders, sie *(haben)* alle eine komische Frisur, wie der Struwwelpeter, und sie *(sein)* sehr groß und *(haben)* sehr lange Finger. Dann *(sein)* sie plötzlich weg und Herr Schaum *(sein)* ganz allein und *(haben)* Angst. Seine Augen *(sein)* müde, seine Ohren *(sein)* heiß[2], und an den Füßen *(haben)* er keine Schuhe mehr. Er *(haben)* auch kein Geld mehr, keine Papiere, keine Adresse, kein Haus; alles *(sein)* ihm fremd[3], auch sein Name. Sein Kopf *(sein)* schwer[4]... seine Füße *(sein)* kalt.

1. einen Traum haben = *faire un rêve* - 2. heiß = *brûlant* - 3. fremd = *étranger* - 4. schwer = *lourd*

G La subordonnée complétive en *dass*

Certains verbes, comme lesen, hören, erfahren, wissen, meinen, glauben, sagen, erzählen, *etc. peuvent être complétés par une proposition subordonnée qui décrit un fait. Cette subordonnée est introduite par la conjonction* **dass** *:*

Verwandte in Deutschland haben.
Jetzt wissen wir, **dass** David Verwandte in Deutschland hat.

Comme dans toute subordonnée, ***le verbe conjugué garde la place finale.***

En allemand comme en anglais, la forme de la conjonction de subordination est proche de celle d'un déterminatif :

das → dass

that → that

Ich weiß, dass du müde bist.
→ I know that you're tired.

7 Des certitudes et des on-dit...

À l'aide des éléments donnés, indique la source des informations que possède David.

Exemple : Museum / sehr interessant sein *(in einem Prospekt lesen)*
→ **David hat in einem Prospekt gelesen, dass das Museum sehr interessant ist.**

1. Familie Lau / sehr nett sein *(von Laura hören)* - 2. Frau Lau / auch Englisch sprechen *(von Laura hören)* - 3. Frau Lau / gern helfen *(in Bremerhaven merken)* - 4. viele deutsche Familien / in Amerika leben *(in einem Buch lesen)* - 5. die Emigration / immer schwierig sein *(im Museum erfahren)*

Lauter Laute!

Aussprache

[ɛ]	[ɪ]	[ʃ]	[ç]	[ɛç]	[j]
welche	bitte	englisch	ich	rechts	Linie
Decke	Brille	amerikanisch	mich	sprechen	Buslinie
Serviette	sind	praktisch	dich	spreche	Straßenbahnlinie
Teller	bin	fantastisch	Dietrich	Recht	U-Bahnlinie
Zettel	ist	frisch	nicht	Technik	Familie
lernen	mit	Tisch	natürlich		Serie
Stress	schicken		Richtung		
	Zimmer				
	willst				

Betonung

Marlene-Dietrich-Straße
Die Schüler haben im °Internet gesucht, sie haben auch °E-Mails geschickt und °viele Fragen gestellt.
Damals sind °viele Leute aus °Deutschland nach A°merika emigriert. Es war eine °lange Reise.
Sie hatten zu Hause °viele Probleme. Sie hatten oft °keine Arbeit und °kein Geld.

Wortschatz

a. *Lis la liste de noms communs à haute voix. Fais-les précéder de l'article* **der, das, ou die.** *Pour vérifier que tu connais leur genre, cherche dans quel moyen de transport ils sont représentés. Dans le bus* **(der Bus)**, *tu retrouveras tous les mots masculins. Dans le bateau* **(das Schiff)**, *les mots neutres. Dans le tramway* **(die Straßenbahn)**, *les mots féminins.*

Baby	Brezel	Buch	Fenster	Kranz	Schlüssel
Koffer	Brille	Eis	CD	Mädchen	Stern
Baum	Brücke	Handy	Kappe	Zeitung	Teller
					Tafel Schokolade

b. *Cache la liste de mots, énumère à haute voix le contenu des trois véhicules.*

Ich fahre mit dem Bus
Ich fahre mit dem Bus
Wohin? Wohin?
Ich fahre nach Berlin.
...

Je fais le point

Je suis capable de comprendre et m'exprimer dans les situations suivantes :

ÉCOUTER

Je peux...

- comprendre des indications concernant un itinéraire de bus, — Akt 1, 1a (p. 106)
- comprendre des indications concernant un chemin à suivre, — Akt 1, 2b (p. 107)
- comprendre des indications concernant la vie à la maison. — Akt 2, 3 et 4 (p. 110)

PARLER

Je peux...

- demander mon chemin, — Akt 1, 1b (p. 106)
- donner un renseignement sur un bus à prendre, — Akt 1, 1b (p. 106)
- lire les grands nombres. — Akt 3, 3b (p. 113)

LIRE

Je peux...

- comprendre un récit historique en prenant appui sur les indications de date, — Akt 3, 1a (p. 111)
- comprendre une lettre racontant un voyage, — Akt 3, 2 (p. 112)
- comprendre une annonce relative à une offre de voyage. — Einblicke (p. 120-121)

ÉCRIRE

Je peux...

- rédiger une annonce pour proposer une randonnée à vélo aux correspondants allemands en visite dans mon collège. — Einblicke (p. 120-121)

Je suis capable de mobiliser les acquis linguistiques suivants en situation de communication

- utiliser le déterminatif « welch- » pour demander une précision sur une personne ou une chose,
- utiliser le parfait pour parler d'une action achevée,
- utiliser une subordonnée en « wenn » pour exprimer une hypothèse,
- utiliser une subordonnée en « dass » pour compléter certains verbes comme « sagen », « wissen », etc.

J'ai découvert des stratégies pour apprendre et utiliser une langue étrangère

- répéter ce que vient de me dire quelqu'un pour prendre le temps de m'approprier l'information, — Akt 1, 2b
- prendre appui sur les indications de temps et de lieu dans un récit historique pour construire le sens, — Akt 3, 1a
- apprendre le lexique en prenant appui sur la mémoire visuelle. — Wortschatz

Einblicke

1. **Schau dir die Fotos an!**
2. **Lies das Angebot von der Mitfahrzentrale!**
3. **Eure deutschen Brieffreunde sind in eurer Schule und du willst eine Radtour organisieren: Schreib ein Angebot für sie!**

Deutschland, da denkt man gleich an Autos.
Klar, es gibt Porsche, BMW, Volkswagen, Mercedes...
Aber es gibt nicht nur Autos! In Deutschland fahren viele Züge, wie der ICE, der Transrapid, es gibt sogar eine Schwebebahn. Und dann gibt es noch die vielen, vielen Fahrräder.
Natürlich sind es nicht ganz so viele wie in Holland, aber die Deutschen fahren gern Rad: Sie denken an die Umwelt!
Sicherheit ist auch sehr wichtig: In der Schule lernen die Kinder die Verkehrsregeln... und sie müssen einen Helm tragen!

Von einem Ort zum anderen...

Regionalbahn

ICE

Schwebebahn

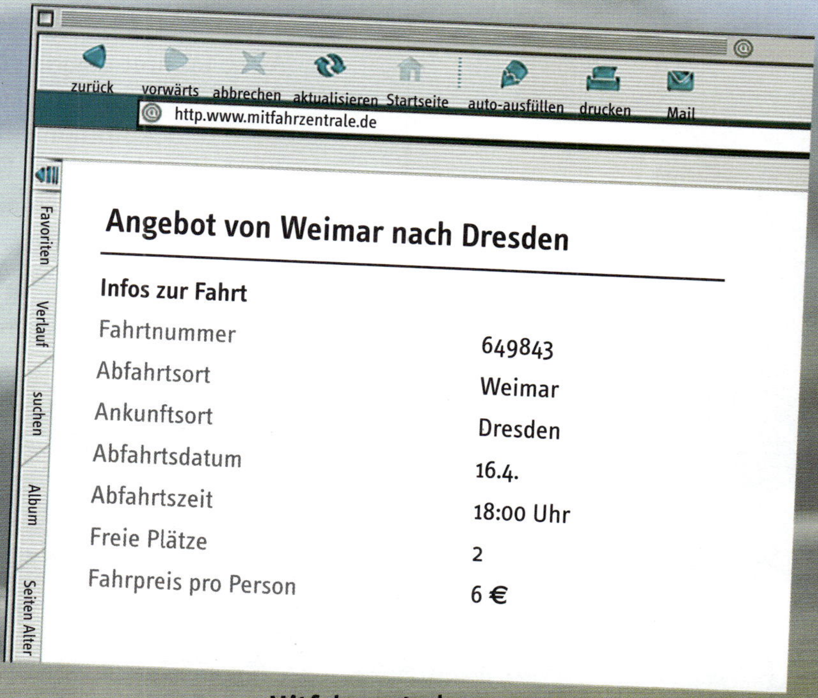

Angebot von Weimar nach Dresden

Infos zur Fahrt

Fahrtnummer	649843
Abfahrtsort	Weimar
Ankunftsort	Dresden
Abfahrtsdatum	16.4.
Abfahrtszeit	18:00 Uhr
Freie Plätze	2
Fahrpreis pro Person	6 €

Mitfahrzentrale:
Ein guter Tipp, wenn man kein Auto hat und/oder die Fahrkosten teilen will.

Am Ende

Wie endet Davids Geschichte

Das Foto vom Schiff und der Name „H. F. Hoffmann“ mit dem Stadtnamen „Eisenach“ waren eine echte Überraschung für David. Aufgeregt notiert er den Namen und die Stadt auf einem Zettel und läuft zur Kasse. Dort fragt er die Kassiererin, ob sie ein Telefonbuch hat. Die Dame erklärt ihm, er soll auf die Post gehen, dort haben sie Telefonbücher und er kann dort auch im Internet nachschauen.

„*Where is...* Wo ist die Post, bitte?“, fragt er.

„Dritte Straße links und dann geradeaus bis zum Marktplatz“, sagt die Dame an der Kasse.

„Vielen Dank! Auf Wiedersehen!“ antwortet David und verlässt das Museum. Er findet die Post sofort. Er geht in die Halle und…

„O Gott! Was ist denn hier los? So viele Leute! … O nein, so lange kann ich nicht warten!“, denkt er. „Anke kann mir bestimmt helfen!“

Rasch geht er zur Straßenbahnhaltestelle zurück und fährt zu Laus. Zum Glück ist Anke zu Hause!

Anke kommt gerade von der Schule zurück und will ihm erzählen, dass sie in Englisch eine gute Note bekommen hat, aber David lässt sie nicht zu Wort kommen. Er hält ihr seinen Zettel unter die Nase und schreit:

„Das ist die *address von my family!*“

„Die Adresse von meiner Familie“, verbessert ihn Anke.

ist alles klar!

in Deutschland?

„*Von meiner* Familie, verstehst du? *It was*... Das war ganz sicher ein Foto von meiner Familie! Sie kommt aus Eisena... !“, ruft er.

„Du meinst wohl Eisenach! Die Stadt, wo Bach und Luther gelebt haben!“, erklärt Anke.

„Ja, vielleicht...“

Anke hat gleich eine Idee. Sie will im Telefonbuch nachschauen, vielleicht findet sie die Adresse und die Telefonnummer von diesen Leuten in Eisenach, und dann kann David sie anrufen!

„Komm, David“, sagt sie, „wir suchen im Internet.“ Sie gehen an den Computer, öffnen die Suchmaschine, geben das Stichwort „Telefonbuch Eisenach“ ein und los geht's!

David ist ganz gespannt und nervös. Endlich ist es so weit! Er ist sich sicher, dass er seine Verwandten wiedergefunden hat. Der Computer findet das Telefonbuch für die Stadt Eisenach. Hier geben Anke und David den Namen Hoffmann ein und...

„O je! So viele Hoffmanns! Zwanzig Mal Hoffmann!“, ruft Anke enttäuscht. „Was machen wir jetzt?“, fragt sie. David will nicht aufgeben, nicht jetzt, wo er seine Verwandten fast wiedergefunden hat. Es muss eine Lösung geben. Hektisch schaut er auf seinen Zettel. Plötzlich entdeckt er zwei Buchstaben: H.F. Was kann das bedeuten? Er zeigt auf diese Buchstaben und fragt Anke.

Am Ende

Wie endet Davids Geschichte

„H.F. Ja klar! Das ist bestimmt der Vorname!“, ruft Anke. „Jetzt haben wir's! Moment, ich schau noch mal auf die Liste: Hoffmann H. F. Hier ist er! Hoffmann Hans Friedrich! Das ist bestimmt dein Verwandter!“

David schreibt sich die Adresse und die Telefonnummer auf.

„Vielen Dank, liebe Anke!“, sagt er, „aber *where is...* öh, wo ist denn Eisenach?“

„Eisenach! Du kennst doch Weimar? Eisenach liegt nicht weit von Weimar. Aber, Moment, ich hole meinen Atlas.“

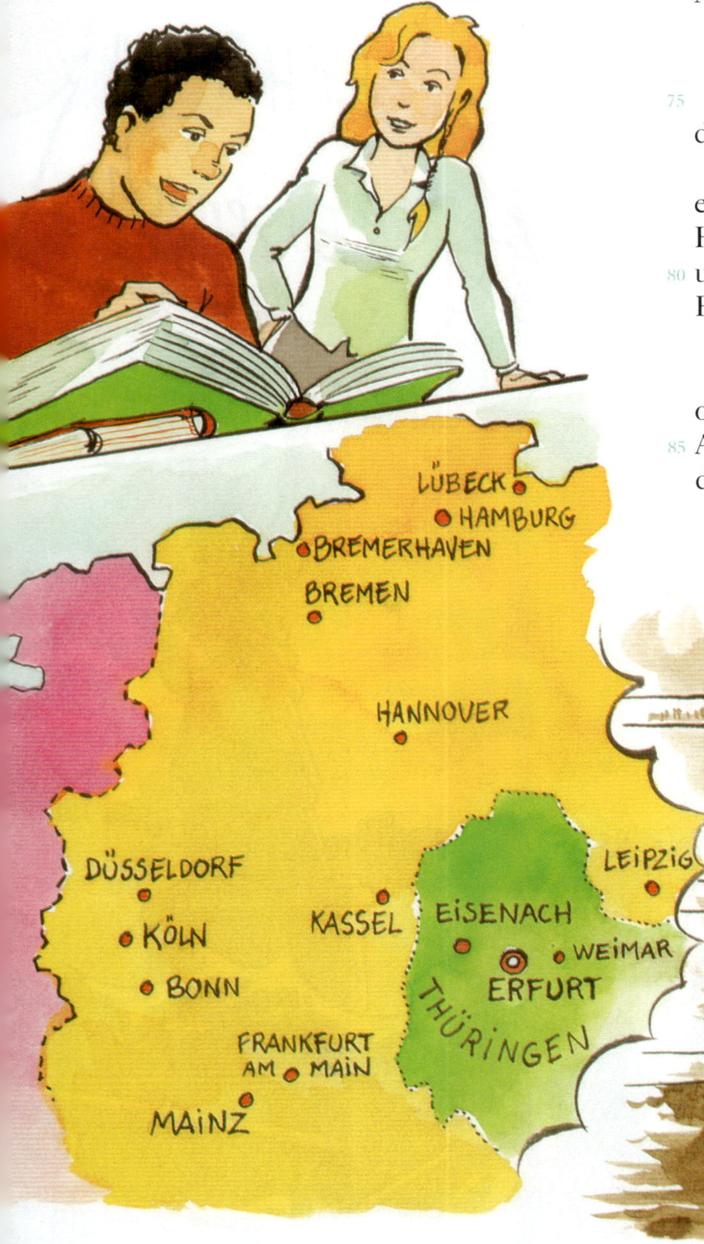

Anke geht in ihr Zimmer und bringt ein dickes Buch mit.

„Also, guck mal… Eisenach, Seite 8, da ist es. Hier oben ist Bremerhaven, da ist Weimar. Hier ist Erfurt, die Hauptstadt von Thüringen, und 50 Kilometer westlich von Erfurt liegt Eisenach.“

„*Do you... äh...* kennst du auch Thüringen?“

„Natürlich kenne ich Thüringen, wir waren oft in Weimar bei meiner Kusine Laura. Apropos Weimar, eine Sybille Eschbach hat für dich angerufen.“

ist alles klar!

in Deutschland?

David antwortet nicht, er hört nicht mehr zu. Er schaut auf den Atlas.

„Also, zurück nach Thüringen. Aber jetzt geht die Reise nach Eisenach und nicht nach Weimar. Da fahre ich wohl wieder mit dem Zug...“, denkt er.

Sie sagt auch gleich: „Ich glaube, am besten fährst du wieder mit dem Zug… Hier ist die Homepage der Deutschen Bahn. Da, David, schau, das sind die Zugverbindungen...“

Aber zuerst muss David diesen H.F. Hoffmann in Eisenach anrufen, er muss sich vorstellen, er muss sagen, wer er ist, woher er kommt, warum er jetzt in Deutschland ist, was er in Bremerhaven gemacht hat... usw. Und das alles auf Deutsch! Was für ein Stress! David ist ganz aufgeregt...

Er ist ganz rot im Gesicht, er nimmt den Zettel mit der Telefonnummer und geht ans Telefon...

I LE GROUPE NOMINAL

1. Les déterminatifs

a. les articles

– pour désigner un objet ou une personne identifié(e) : **l'article défini : *der*** (masculin), ***das*** (neutre), ***die*** (féminin), ***die*** (pluriel).

der Lehrer ; das Haus ; die Aula ; die Ferien

– pour désigner un objet ou une personne non-identifié(e) : **l'article indéfini** : ***ein-*** (masculin et neutre), ***eine*** (féminin).

– pour désigner l'absence de tout élément (quantité zéro) : ***kein-***

kein Schüler ; keine Schülerin ; keine Informationen

– pour désigner ce qui ne peut être dénombré ou un ensemble de personnes ou de choses dont la quantité est indéterminée : l'article zéro (noté ø).

ø *Milch* = du lait ; ø *Zeit* = du temps ; ø *Leute* = des gens ; ø *Kinder* = des enfants

ø *kalte Milch* = du lait froid ; ø *interessante Krimis* = des romans policiers intéressants

b. les quantificateurs

– pour désigner la totalité des éléments d'un ensemble : ***alle***

alle Schüler = tous les élèves

– pour désigner chaque élément d'un ensemble : ***jed-***

jeder Schüler = chaque élève ; *jeden Tag* = chaque jour

c. le démonstratif

– pour désigner une chose ou une personne que l'on montre ou qui vient d'être évoquée : ***dieser, dieses, diese :***

Schau mal, dieses Buch finde ich sehr schön! (= ce livre)

L'article défini (*der, das, die*), s'il est accentué, peut servir de démonstratif :

Kennst du Emil und die Detektive? *Ja, °das Buch lesen wir gerade in der Schule!*

d. l'interrogatif

– pour interroger sur une caractéristique : ***welch-***

Welches Buch willst du in den Ferien lesen? (= quel livre)

e. les possessifs

	singulier	**pluriel**
1re pers.	mein	unser
2e pers.	dein	euer
3e pers. (poss. masc. / neutre)	sein	ihr/Ihr (forme de politesse)
(poss. fém.)	ihr	ihr/Ihr (forme de politesse)

2. La déclinaison du groupe nominal

- **Déterminatif + nom**

Le déterminatif porte – sauf cas particulier – **la marque de genre, nombre et cas du groupe nominal.**

a. déterminatif du type *der, das, die*

	masculin	neutre	féminin	pluriel
Nom.	der Schüler	das Kind	die Schülerin	die Kinder
Acc.	den Schüler	das Kind	die Schülerin	die Kinder
Dat.	dem Schüler	dem Kind	der Schülerin	den Kindern

b. déterminatif du type *ein, kein*

	masculin	neutre	féminin	pluriel
Nom.	einø Schüler	einø Kind	eine Schülerin	keine Kinder
Acc.	einen Schüler	einø Kind	eine Schülerin	keine Kinder
Dat.	einem Schüler	einem Kind	einer Schülerin	keinen Kindern

- **(Déterminatif +) adjectif + nom**

La marque distinctive de genre, nombre et cas du groupe nominal est portée – chaque fois que cela est possible – par le déterminatif. Si le déterminatif ne prend pas de marque ou s'il est absent, elle est reportée sur l'adjectif.

	masculin	neutre	féminin	pluriel
Nom.	der neue Schüler	das kleine Kind	die rote Kappe	die anderen Kinder
Acc.	den neuen Schüler	das kleine Kind	die rote Kappe	die anderen Kinder
Dat.	dem neuen Schüler	dem kleinen Kind	der roten Kappe	den anderen Kindern

	masculin	neutre	féminin	pluriel
Nom.	einø neuer Schüler	einø kleines Kind	eine rote Kappe	keine anderen Kinder
Acc.	einen neuen Schüler	einø kleines Kind	eine rote Kappe	keine anderen Kinder
Dat.	einem neuen Schüler	einem kleinen Kind	einer roten Kappe	keinen anderen Kindern

	masculin	neutre	féminin	pluriel
Nom.	frischer Käse	frisches Wasser	frische Milch	nette Kinder
Acc.	frischen Käse	frisches Wasser	frische Milch	nette Kinder
Dat.	frischem Käse	frischem Wasser	frischer Milch	netten Kindern

3. Les pronoms

a. les pronoms personnels

	1re pers.		2e pers.		3e pers.			
	sing.	plur.	sing.	plur.	masc.	sing. neutre	fém.	plur./politesse
Nom.	ich	wir	du	ihr	er	es	sie	sie/Sie
Acc.	mich	uns	dich	euch	ihn	es	sie	sie/Sie
Dat.	mir	uns	dir	euch	ihm	ihm	ihr	ihnen/Ihnen

b. les pronoms indéfinis

man (= on)

jemand (= quelqu'un)
niemand (= personne)

etwas (= quelque chose)
nichts (= rien)

c. les pronoms interrogatifs

wer (= qui ; acc. : *wen* ; dat. : *wem*)

was (= quoi)

wie (= comment)
wie viele (= combien)
wie lange (= combien de temps)

wann (= quand)

wo (= où)
woher (= d'où)
wohin (= vers où)

4. Le genre et le pluriel des noms

a. le genre

Le genre grammatical correspond au **sexe naturel** pour les noms qui désignent des personnes :
(r) Vater, Sohn, Onkel, Direktor *(e) Mutter, Tochter, Tante*

Sont cependant **neutres :**
(s) Baby, Kind, Mädchen

Le genre dépend de la **forme du nom** :
- sont **masculins** les noms dérivés en *-er* :
(r) Füller, Radfahrer
- sont **neutres** les noms dérivés en *-chen* ou formés à partir d'infinitifs :
(s) Brötchen, Essen, Leben
- sont **féminins** les noms dérivés en *-in, -ei, -ung* :
(e) Sekretärin, Bäckerei, Übung

et la plupart des noms à deux syllabes qui se terminent par *-e* :
(e) Schere, Tasche

b. le pluriel

Il est marqué différemment selon le genre. Les marques les plus fréquentes sont :

noms masculins	noms neutres	noms féminins
-e Tisch → Tische	**-er** Kind → Kinder	**-n** Tasche → Taschen
¨-e Stuhl → Stühle	**¨-er** Buch → Bücher	**-en** Frau → Frauen
-en Journalist → Journalisten	**-e** Problem → Probleme	**¨-e** Hand → Hände

II CONJUGAISON

1. Les verbes faibles / verbes forts

		Verbes faibles	Verbes forts en *-e-*	Verbes forts en *-a-*
Présent		ich such **e**	ich geb **e**	ich schlaf **e**
		du such **st**	du gib **st**	du schläf **st**
		er/es/sie such **t**	er/es/sie gib **t**	er/es/sie schläf **t**
		wir such **en**	wir geb **en**	wir schla **en**
		ihr such **t**	ihr geb **t**	ihr schlaf **t**
		sie/Sie such **en**	sie/Sie geb **en**	sie/Sie schlaf **en**
Parfait		ich habe ... **ge** such **t**	ich habe ... **ge** geb **en**	ich habe ... **ge** schlaf **en**
		du hast ... **ge** such **t**	du hast ... **ge** geb **en**	du hast ... **ge** schlaf **en**
		er/es/sie hat ... **ge** such **t**	er/es/sie hat ... **ge** geb **en**	er/es/sie hat ... **ge** schlaf **en**
		wir haben ... **ge** such **t**	wir haben ... **ge** geb **en**	wir haben ... **ge** schlaf **en**
		ihr habt ... **ge** such **t**	ihr habt ... **ge** geb **en**	ihr habt ... **ge** schlaf **en**
		sie/Sie haben ... **ge** such **t**	sie/Sie haben ... **ge** geb **en**	sie/Sie haben ... **ge** schlaf **en**
Impératif	**sg.**	Such **(e)**!	Gib!	Schlaf **(e)**!
	pl.	Such **t**!	Gib **t**!	Schlaf **t**!
	pol.	Such **en** Sie!	Geb **en** Sie!	Schlaf **en** Sie!

2. Les verbes *sein* et *haben*

	sein		haben	
Présent	ich bin	wir sind	ich hab **e**	wir hab **en**
	du bist	ihr seid	du ha **st**	ihr hab **t**
	er, es, sie ist	sie/Sie sind	er ha **t**	sie/Sie hab **en**
Prétérit	ich war	wir war **en**	ich hatte	wir hatte **n**
	du war **st**	ihr war **t**	du hatte **st**	ihr hatte **t**
	er, es, sie war	sie/Sie war **en**	er hatte	sie/Sie hatte **n**
Parfait	ich bin ... gewesen	wir sind ... gewesen	ich habe ... gehabt	wir haben ... gehabt
	du bist ... gewesen	ihr seid ... gewesen	du hast ... gehabt	ihr habt ... gehabt
	er ist ... gewesen	sie/Sie sind ... gewesen	er hat ... gehabt	sie/Sie haben ... gehabt
Impératif	**sg.**	Sei!		Hab **(e)**!
	pl.	Sei **d**!		Hab **t**!
	pol.	Sei **en** Sie!		Hab **en** Sie!

3. Les verbes de modalité

Présent			
können	**dürfen**	**mögen**	
être capable	*avoir le droit*	*aimer*	*j'aimerais ...*
ich kann	ich darf	ich mag	ich möchte
du kann **st**	du darf **st**	du mag **st**	du möchte **st**
er, sie kann	er, sie darf	er, sie mag	er, sie möchte
wir könn **en**	wir dürf **en**	wir mög **en**	wir möchte **n**
ihr könn **t**	ihr dürf **t**	ihr mög **t**	ihr möchte **t**
sie/Sie könn **en**	sie/Sie dürf **en**	sie/Sie mög **en**	sie/Sie möchte **n**

wollen	sollen	müssen
vouloir	*devoir*	*être obligé de*
ich will	ich soll	ich muss
du will **st**	du soll **st**	du mus **st**
er, sie will	er, sie soll	er, sie muss
wir woll **en**	wir soll **en**	wir müss **en**
ihr woll **t**	ihr soll **t**	ihr müss **t**
sie/Sie woll **en**	sie/Sie soll **en**	sie/Sie müss **en**

III LES PRÉPOSITIONS

1. Les prépositions toujours suivies de l'accusatif

durch, für, gegen, ohne, um

durch (= à travers) : *Die Kinder gehen mit ihren Laternen* durch *die Straßen.*
für (= pour) : *Das Geschenk ist* für *dich!*
gegen (= contre) : *Bist du* gegen *meinen Plan?*
ohne (= sans) : *David muss ein paar Tage* ohne *seinen Rucksack leben.*
um (= autour de ; à [heure]) : *Wir gehen* um *das Haus.*

2. Les prépositions toujours suivies du datif

aus, bei, mit, nach, seit, von, zu

aus (= de) : *David kommt* aus *den USA.*
bei (= chez) : *Willkommen* bei *uns in Deutschland!*
mit (= avec) : *Michael und David fahren* mit *dem Bus.*
nach (= vers, après) : Nach *der Schule geht Hannah schwimmen.*
seit (= depuis) : Seit *den Ferien haben wir einen Hund.*
von (= de) : *Hast du ein Foto* von *deiner Familie?*
zu (= à, chez) : *Heute gehe ich* zu *meiner Freundin.*

3. Les prépositions « mixtes » (suivies tantôt de l'accusatif, tantôt du datif)

an, auf, in, vor, zwischen

Elles sont suivies de **l'accusatif** lorsque la relation est **directive,** du **datif** lorsque la relation est **locative.**

an die Haltestelle gehen — *an der Haltestelle stehen* — *in die Stadt fahren* — *in der Stadt sein*
auf die Messe gehen — *auf der Messe sein*

De nombreuses prépositions s'emploient pour situer dans l'espace ou dans le temps :

im Wohnzimmer — *im April* — *zu Hause* — *zu Weihnachten*
am schwarzen Brett — *am Montag* — *vor der Tür* — *vor Mitternacht*
vor den Ferien = avant les vacances
zwischen Weihnachten und Neujahr = entre Noël et le Jour de l'An

IV LA SYNTAXE DU VERBE

Verbes ayant :
– un objet à l'accusatif : *jdn fragen, brauchen, anrufen*
Ich will den Lehrer *fragen.* : Je vais demander au professeur.

– un objet au datif : *jdm helfen, danken, gratulieren, gefallen, schmecken*

Kannst du mir *bitte helfen? Ich danke* dir!

– un objet à l'accusatif et un objet au datif : *jdm etwas geben, schenken, (mit)bringen, sagen, erzählen*

David will seinen Eltern eine Pyramide *mitbringen.*
(seinen Eltern : datif ; eine Pyramide : accusatif)

V LE GROUPE INFINITIF

Dans le groupe infinitif, l'infinitif est toujours précédé de ses compléments.
Chaque complément détermine ce qui se trouve à sa droite :

aus Weimar kommen

acht Tage in Frankfurt bleiben

allein mit der Straßenbahn in die Stadt fahren

Le groupe infinitif complète souvent un verbe de modalité :

Du kannst *mein Handy haben und Davids Freund anrufen.*

VI LA SYNTAXE DE L'ÉNONCÉ

La structure du groupe infinitif se retrouve dans un énoncé à verbe conjugué. Chaque type d'énoncé est caractérisé par la place du verbe conjugué :

- dans l'énoncé déclaratif, le verbe est à la 2e place :

  David **fährt** *allein mit der Straßenbahn in die Stadt. Dann* **geht** *er ins Internetcafé.*
  Am Sonntag **besucht** *mich meine Kusine.*

- dans l'énoncé interrogatif, le verbe est à la 1re place (interrogation globale) :

  Kommst *du mit ins Kino?*

  ou à la 2e place précédé d'un mot interrogatif (interrogation partielle) :

  Wo **sind** *deine Sachen?*

- dans l'énoncé injonctif (ordre), le verbe est à la 1re place :

  Fahr *doch mit dem Bus!* **Warten** *Sie einen Moment, bitte!*

VII LA PROPOSITION SUBORDONNÉE

Dans la proposition subordonnée introduite par un mot subordonnant, le verbe conjugué garde sa **place finale**.

- La proposition subordonnée peut exprimer la **cause** ou **l'hypothèse** :

elle est introduite par *weil* (= parce que) :

David ist in Deutschland, weil *er seine Vorfahren sucht.*

ou par *wenn* (= si) :

Wenn *du telefonieren willst, kannst du mein Handy haben!*

- La proposition subordonnée peut être objet :

elle est introduite par *dass* (= que) :

Jetzt wissen wir, dass *David Verwandte in Deutschland hat.*
David hat im Internet gelesen, dass *es in Bremerhaven ein interessantes Museum gibt.*

Les noms figurent en couleurs, selon leur genre : bleu pour le masculin, rouge pour le féminin et vert pour le neutre. La marque de pluriel est indiquée entre parenthèses après le nom.
Les mots non suivis d'un numéro de page sont ceux qui apparaissent dans le cahier ou dans les enregistrements.

A

(s) Abenteuer (-)	l'aventure, 54
(r) Abend (-e)	le soir, 50
(s) Abendbrot	le repas du soir, 47
abends	le soir, 46
aber	mais, 17
(r) Adventskalender (-)	le calendrier de l'Avent, 75
(r) Adventskranz (¨e)	la couronne de l'Avent, 75
aktuell	actuel, 53
(r) Akzent (-e)	l'accent, 107
alle	tous, 47
alles	tout, 73
also	donc, bon, 47
alt	vieux, âgé, 29
(e) Altstadt	la vieille ville, 37
am besten	au mieux, 125
(s) Amerika	l'Amérique, 29
(r) Amerikaner (-)	l'Américain, 33
(e) Ampel (-n)	feu de circulation, 107
an/bieten	proposer, 92
ander-	autre, 28
anders	autrement, 72
an/fangen (ä)	commencer, 11
(s) Angebot (-e)	l'offre, 121
sich etw. an/hören	écouter qqch., 50
(e) Ankunft	l'arrivée, 106
(r) Anruf (-e)	le coup de téléphone
jdn an/rufen	appeler qqn par téléphone, 33
sich etw. an/schauen	regarder qqch., 29
(e) Ansichtskarte (-n)	la carte postale, 24
antworten	répondre, 29
an/ziehen	mettre (un habit)
an/zünden	allumer
(r) Apfelsaft (¨e)	le jus de pomme, 92
(e) Arbeit (-en)	le travail, 89
sich an die Arbeit machen	se mettre au travail, 89
arm	pauvre, 57
(r) Arm (-e)	le bras, 70
auch	aussi, 16
auf	sur, 29
auf Deutsch	en allemand
(s) Aufgabenheft (-e)	le cahier de textes
auf/geben	renoncer, 123
aufgeregt	excité, 125
auf/hängen	accrocher, 91
auf/kleben	coller, 90
auf/machen	ouvrir, 66
auf/räumen	ranger, 66
auf/schreiben	recopier, noter, 90
auf/stehen	se lever, 51
auf/stellen	ériger, 82
auf Wiederhören	au revoir (au téléphone), 33
auf Wiedersehen	au revoir, 122
(s) Auge (n)	l'œil, 116
(e) Aula	la salle, 91
aus	de (provenance), 28
aus/füllen	remplir, 42
aus/gehen	sortir, 51
aus/leeren	vider, 66
aus/schlafen (ä)	faire la grasse matinée
aus/sehen (ie)	avoir l'air, 29
aus/steigen	descendre, 106
(r) Ausweis (-e)	l'attestation, 17
(r) Automat (-en, -en)	le distributeur, 69

B

(s) Baby (-s)	le bébé, 19
backen	faire cuire, 72
(e) Bäckerei (-en)	la boulangerie, 67
(r) Backofen (¨)	le four, 67
baden	prendre un bain
(s) Badezimmer (-)	la salle de bains
(r) Bahnhof (¨e)	la gare, 69
(e) Bank (-en)	la banque, 25
(r) Bart (¨e)	la barbe, 94
basteln	bricoler, 72
(r) Baum (¨e)	l'arbre, 82
bedeuten	signifier, 42
befragen	questionner, 51
beginnen	commencer, 87
bei jdm	chez qqn, 30
bekannt	connu, 31
bekommen	recevoir, 33
bemerken	remarquer, 108
(r) Bericht (-e)	le rapport, 111
berühmt	célèbre, 31
beschreiben	décrire, 29
besichtigen	visiter, 31
etw. besprechen (i)	discuter de qqch., 47
besser	mieux, meilleur, 115
bestellen	commander, 91
bestimmt	sûrement, 31
jdn bestrafen	punir qqn, 83
jdn besuchen	visiter, rendre visite, 31
(r) Betrag (¨e)	le montant
(s) Bett (-en)	le lit
(s) Bier	la bière, 99
(e) Bildgeschichte (-n)	l'histoire en images, 34
bis gleich!	à tout de suite !, 12
ein bisschen	un peu, 73
bitte	s'il te/vous plaît, 13
blau	bleu, 110
bleiben	rester, 111
(r) Bleistift (-e)	le crayon, 35
blöd	idiot, 34
(e) Blume (-n)	la fleur, 91
(s) Bonbon (-s)	le bonbon, 57
böse	méchant, 83
etw./jdn brauchen	avoir besoin de qqch./qqn, 67
brav	sage, 83
das schwarze Brett	le panneau d'affichage, 91
(e) Brezel (-n)	le bretzel, 69
(r) Brief (-e)	la lettre, 91
(e) Brille (-n)	les lunettes, 29
(e) Broschüre (-n)	la brochure, 52
(s) Brot (-e)	le pain, 67
(s) Brötchen (-)	le petit pain, 92
(e) Brücke (-n)	le pont, 31
(r) Bruder (¨)	le frère
brutal	brutal, 53
(s) Buch (¨er)	le livre, 15
(r) Buchautor (-en)	l'auteur, 48
(r) Buchhändler (-)	le libraire, 52
(e) Buchhandlung (-en)	la librairie, 62
(e) Buchmesse (-n)	la foire du livre, 48
(r) Buchstabe (-n, -n)	la lettre, le caractère, 123
(e) Burg (-en)	le fort, le château fort, 43
(r) Bus (-se)	le bus, 21
(e) Butter	le beurre, 68
(e) Buttermilch	le lait fermenté, 92

C

(s) Café (-s)	le salon de thé, 29
(e) Cafeteria	la cafétéria, 49
(e) CD (-s)	le CD, 15
(r) Chef (-s)	le chef, 19
(e) Cola	le coca
(pl.) Comics	la BD, 59
(r) Computer (-)	l'ordinateur, 30
cool	cool, 51
(r) Cousin (-s)	le cousin, 19
(e) Cousine (-n)	la cousine, 19

D

da	là, 29
dafür sein	être pour
dagegen sein	être contre, 53
danach	après cela, ensuite
danke schön	merci bien, 13

jdm danken	remercier qqn, 74
dann	puis, alors, 35
dauern	durer, 87
an etw./jdn denken	penser à qqch./qqn, 120
(s) Deutsch	l'allemand (la langue)
deutsch	allemand, 83
(s) Deutschland	l'Allemagne, 30
dick	gros, 124
(r) Dieb (-e)	le voleur, 55
(r) Discman (-men)	le baladeur, 15
(e) Disko (-s)	la discothèque, 51
(s) Diskussionspodium (-ien)	le podium de discussion, 48
diskutieren	discuter, débattre, 52
(r) Dom (-e)	la cathédrale, 31
(s) Dorf (¨er)	le village, 82
dort	là-bas
dürfen	avoir la permission, 50
(r) Durst	la soif, 69
duschen	prendre une douche

E

(s) Ei (-er)	l'œuf, 82
(pl.) Einblicke	les regards, 24
(r) Eindruck (¨e)	l'impression, 88
(r) Eingang (¨e)	l'entrée, 91
(e) Einheit	l'unité, 83
ein/geben (i)	introduire, insérer, 70
ein/kaufen	faire les courses, 67
ein/laden (ä)	inviter, 51
einige	quelques, 50
(e) Einladung (-en)	l'invitation, 83
(s) Eis	la glace, 49
(pl.) Eltern	les parents, 33
(r) Emigrant (-en, -en)	l'émigrant, 111
(s) Ende (-n)	la fin
endlich	enfin, 67
(s) Englisch	l'anglais (la langue), 29
englisch	anglais
entdecken	découvrir, 113
(e) Entschuldigung	l'excuse, 47
enttäuscht	déçu, 123
erfahren (ä)	apprendre, 30
(r) Erfolg (-e)	le succès, 62
erklären	expliquer, 86
erst	d'abord, 47
erst-	premier, 73
erzählen	raconter, dire, 55
(s) Essen (-)	le repas, 88
essen (i)	manger, 47
(e) Etappe (-n)	l'étape, 111
etwas	qch., un peu de, 29
europäisch	européen, 24
extravagant	extravagant, 53
extrem	extrême, 53

F

(s) Fach (¨er)	la matière, 103
(pl.) Fahrkosten	les frais de transport, 121
fahren (ä)	aller en véhicule, 48
(e) Fahrt (-en)	le trajet, 111
(e) Fassade (-n)	la façade, 29
fast	presque, 47
feiern	fêter, 83
(s) Fenster (-)	la fenêtre, 66
(pl.) Ferien	les vacances, 103
fern/sehen (ie)	regarder la TV, 50
(r) Fernseher (-)	la télévision
fertig sein	être prêt, avoir terminé, 67
(s) Fest (-e)	la fête, 83
(e) Figur	la ligne, la taille, 73
(r) Film (-e)	la pellicule, 48
finden	trouver, 32
(r) Finger (-)	le doigt, 116
(s) Foto (-s)	la photo, 29
(r) Fotoapparat (-e)	l'appareil photo, 15
fotografieren	photographier, 31
(e) Frage (-n), Fragen stellen	la question, poser des/les questions, 46
Es kommt nicht in Frage.	*Il n'en est pas question.*, 87
jdn fragen	poser une/la question à qqn, 29
(s) Frankreich	la France, 82
(e) Frau (-en)	Madame, la femme, 12
(e) Freiheit	la liberté, 51
(e) Freizeit	le temps libre, 51
fremd	étranger, 116
sich freuen	être content, 71
(r) Freund (-e)	l'ami, 32
(e) Freundin (-nen)	l'amie, 32
freundlich	aimable, 33
frisch	frais, 67
(e) Friseurin (-nen)	la coiffeuse, 55
(e) Frisur (-en)	la coiffure, 53
froh	joyeux, 72
früh	tôt, 86
(r) Frühling	le printemps, 82
frühstücken	prendre le petit déjeuner, 63
sich fühlen	se sentir, 110
für (+ acc.)	pour, 35
(r) Fuß (¨e)	le pied, 116
(r) Fußball	le football, 54

G

ganz	tout, 33
(r) Garten (¨)	le jardin, 82
(e) Gasse (-n)	la rue, la ruelle, 32
(r) Gast (¨e)	l'invité, 67
gastfreundlich	accueillant, 110
geben (i)	donner, 70
(s) Geburtshaus	la maison natale, 25
jdm gefallen (ä)	plaire à qqn, 73
(e) Geheimnummer (-n)	le code secret
gehen	aller, 48
gelb	jaune, 110
(s) Geld	l'argent, 55
(r) Gepäckwagen (-)	le chariot, 71
gerade	à l'instant, 34
geradeaus	tout droit, 107
etw. gern haben	apprécier qqch, 93
gern	volontiers, 93
(s) Geschenk (-e)	le cadeau, 72
(e) Geschichte (-n)	l'histoire, 55
(s) Gesicht (-er)	le visage, 125
gespannt	tendu, 123
gesund	sain, 112
(s) Getränk (-e)	la boisson, 98
(s) Glas (¨er)	le verre, 78
glauben	croire, 72
gleich	tout de suite, 12
(s) Glück	la chance, le bonheur, 33
glücklich	heureux
(r) Gott (¨er)	le dieu, 30
groß	grand, 30
(e) Großmutter (¨)	la grand-mère, 55
grün	vert, 110
(e) Gruppe (-n)	le groupe, 15
Guck mal!	*Regarde un peu !*, 125
gut	bon, bien, 11
gute Laune	la bonne humeur, 83
(s) Gymnasium (-ien)	le lycée, 62

H

haben	avoir, 29
(r) Hafen (¨)	le port, 31
halten (ä)	tenir, 122
(e) Haltestelle (-n)	l'arrêt, 48
(r) Hamburger (-)	le hamburger, 53
(e) Hand (¨e)	la main, 90
(s) Handy (-s)	le téléphone portable, 15
hängen	être accroché, suspendu, 91
(e) Hauptstadt (¨e)	la capitale, 124
(s) Haus (¨er)	la maison, 14
zu Hause/nach Hause	à la maison, 51
(r) Hausmeister (-)	le concierge, 92
(s) Heft (-e)	le cahier, 35
(r) Heiligabend	la veille de Noël, 72
(e) Heimat	le pays natal, les racines, 105
Heimweh haben	mal du pays (avoir le), 73
heißen	s'appeler, signifier, 12
hektisch	avec fébrilité, 123

(r) Helm (e)	le casque, 120
(r) Herr (-n, -en)	Monsieur, le monsieur, 12
herzlich	cordial, 13
heute	aujourd'hui, 30
heute Abend	ce soir
hier	ici, 13
(e) Hilfe	l'aide, 74
(r) Himmel	le ciel, 83
(s) Hobby (-s)	le hobby, 51
holen	aller chercher, 69
(e) Homepage (-s)	la page internet, 49
hören	écouter, 12
(s) Hotel (-s)	l'hôtel, 56
(r) Hund (-e)	le chien, 67
(r) Hunger	la faim, 69

I

(e) Idee (-n)	l'idée, 95
immer	toujours, 82
in	dans, à, 28
(r) Indianer (-)	l'Indien, 54
informieren	informer, 86
interessieren	intéresser, 31
im Internet	sur Internet, 37
(s) Internetcafé (-s)	le cybercafé, 48
(s) Interview (s)	l'interview, 52

J

(e) Jacke (-n)	la veste, 15
jed-	chaque, 50
jetzt	maintenant, 30
(s, r) Joghurt (-)	le yaourt, 92
(r) Journalist (-en, -en)	le journaliste, 51
(e) Jugend	la jeunesse, 50
(e) Jugendherberge (-n)	l'auberge de jeunesse, 12
(r) Jugendliche	le jeune, 62
jung	jeune, 29
(r) Junge (-n, -n)	le garçon, 53

K

(r) Kaffee	le café, 15
(r) Kalender (-)	l'agenda, calendrier, 32
(r) Kamm (¨e)	le peigne, 47
(e) Kappe (-n)	la casquette, 15
(e) Karte (-n)	le ticket, le billet, 48
(r) Käse	le fromage, 68
(e) Kasse (-n)	la caisse, 48
(e) Kassette (-n)	la cassette, 35
(r) Kassettenrecorder (-)	le magnétophone, 90
kaufen	acheter, 48
(s) Kaufhaus (¨er)	le magasin, 90
kennen	connaître, 47
(e) Kerze (-n)	la bougie, 73
(s) Kind (-er)	l'enfant, 19
(s) Kino (-s)	le cinéma, 50
(e) Kirche (-n)	l'église, 113
klar	évident, clair, 31
(e) Klasse (-n)	la classe, 13
(e) Klassenfahrt (-en)	le voyage de classe, 42
(r) Klassenlehrer (-)	le professeur principal, 86
(s) Klassenzimmer (-)	la salle de classe, 91
(r) Klebstift (-e)	le bâton de colle, 35
klein	petit, 73
(e) Kletterwand (¨e)	le mur d'escalade, 102
klicken	cliquer, 42
kochen	faire la cuisine
(r) Koffer (-)	la valise, 15
(e) Koje (-n)	la cabine (bateau), 112
komisch	drôle, bizarre, 53
kommen	venir, 28
kompliziert	compliqué, 74
(r) Konflikt (-e)	le conflit, 53
(r) König (-e)	le roi, 82
(s) Konzert (-e)	le concert, 32
(r) Kopf (¨e)	la tête, 116
(e) Kreditkarte (-n)	la carte de crédit, 25
(e) Küche (-n)	la cuisine
(r) Kuchen (-)	le gâteau, 92
(r) Kühlschrank (¨e)	le réfrigérateur, 110
(r) Kuli (-s)	le stylo bille, 15
(r) Kurs (-e)	le cours, le stage, 32

L

lachen	rire, 34
(s) Land (¨er)	le pays, 62
lange	longtemps
langsam	lent, lentement
lassen (ä)	laisser, 51
Ski laufen (ä)	skier, 56
laut	fort, bruyant, 66
leben	vivre, 123
(r) Lebkuchen (-)	le pain d'épice, 75
(r) Lehrer (-)	le professeur, 13
leider	malheureusement, 87
(e) Lektüre (-n)	la lecture, 51
lernen	apprendre, 32
lesen (ie)	lire, 24
(r) Lesezettel (-)	la fiche de lecture, 63
letzt-	dernier
leuchten	briller, 83
(r) Leuchtturm (¨e)	le phare, 43
(pl.) Leute	les gens, 29
lieb-	cher, chère, 25
jdn lieben	aimer qqn, 55
lieber haben	préférer
(r) Liebesroman (-e)	le roman d'amour, 50
(s) Lieblingsbuch (¨er)	le livre préféré, 62
(e) Linie (-n)	la ligne, 106
links	à gauche, 107
(e) Liste (-n)	la liste, 13
(e) Literatur	la littérature
(r) Löffel (-)	la cuillère, 68
los, *Was ist los?*	*Que se passe-t-il ?*, 30
Los geht's!	*C'est parti !*, 123
(e) Lösung (-en)	la solution, 123
(e) Luft	l'air, 67
(e) Luftmatratze (-n)	le matelas pneumatique, 63
lustig	drôle, 34
sich lustig machen	se moquer

M

machen	faire, 29
mit/machen	participer, 48
(s) Mädchen (-)	la fillette, 29
(s) Magazin (-e)	le magazine
manchmal	parfois, 51
(r) Mann (¨er)	l'homme, 29
(e) Margarine	la margarine, 68
(e) Marmelade	la confiture, 68
(e) Mathe(matik)	les math(ématique)s, 86
(s) Meer (-e)	la mer, 56
(s) Mehl	la farine, 68
meinen	penser, 49
(r) Meldeschein (-e)	la fiche d'inscription, 42
merken	remarquer
(e) Milch	le lait, 68
mit/bringen	apporter
mit/fahren (ä)	accompagner, 51
jdm helfen (i), mit/helfen (i)	aider qqn, 34, 74
mit/nehmen (i)	emporter, 51
mit/spielen	jouer, 51
Mitternacht	minuit, 96
mögen	aimer qqch., 93
ich möchte	je voudrais, 93
(s) Modell (-e)	le modèle, 53
(r) Moment (-e)	le moment, 29
(e) Moral	la morale, 53
morgen	demain, 47
(s) Motorrad (¨er)	la moto, 57
müde	fatigué, 49
(s) Museum (-en)	le musée, 31
(e) Musik	la musique, 50
(s) Müsli	les céréales, 68
(r) Müsliriegel (-)	la barre de céréales, 68
müssen	être obligé, devoir, 86
(e) Mutter (¨)	la mère, 13

N

(r) Nachmittag (-e)	l'après-midi
nach/schauen	vérifier, 30
nach/sprechen (i)	répéter, 14
nächst-	prochain
(e) Nacht (¨e)	la nuit, 63
(r) Name (-n, -n)	le nom, 13

(e) Nase (-n)	le nez, 122
natürlich	naturellement
nehmen (i)	prendre, 48
nervös	nerveux, 67
nett	gentil, 72
neu	neuf, nouveau, 102
(s) Neue Jahr	la nouvelle année
nicht	ne pas, 29
nicht mehr	ne plus, 30
nichts	(ne) rien, 29
noch	encore, 29
(e) Note (-n)	la note, 60
notieren	noter, 14
(e) Notiz (-en)	la note, 89
(s) Notizheft (-e)	le carnet, 15
(e) Nummer (-n)	le numéro, 14
nur	seulement, 51
(e) Nuss (¨-e)	la noix, 83
(r) Nussknacker (-)	le casse-noisettes, 75

O

oder	ou, 53
öffnen	ouvrir, 123
oft	souvent, 51
(s) Ohr (-en)	l'oreille, 94
(r) Ohrring (-e)	la boucle d'oreille, 94
Ordnung machen	mettre de l'ordre, ranger, 15
(e) Oper (-n)	l'opéra, 31
(r) Ort (-e)	le lieu, 121
(r) Osten	l'est, 83
(r) Osterhase (-n, -n)	le lapin de Pâques, 82
Ostern	Pâques, 82
(s) Österreich	l'Autriche, 28

P

(r) Papierkorb (¨-e)	la corbeille à papier, 66
(r) Partner (-)	le partenaire, 15
(e) Partnerin (-nen)	la partenaire, 15
(r) Pass (¨-e)	le passeport, 15
(r) Passagier (-e)	le passager, 111
(e) Pause (-n)	la pause, la récré, 57
(e) Person (-en), **pro Person**	la personne, par personne
(s) Plakat (-e)	l'affiche, 89
(r) Plan (¨-e)	le plan, 48
(r) Platz (¨-e)	la place, 43
(s) Plätzchen (-)	le petit gâteau de Noël, 67
plötzlich	soudain
politisch	politique, 113
(e) Polizei	la police, 33
(pl.) Pommes	les frites, 53
(s) Portemonnaie (-s)	le porte-monnaie, 15
(s) Poster (-)	le poster, 42
(e) Postkarte (-n)	la carte postale, 15
(r) Preis (-e)	le prix
(e) Prise (-n)	la pincée, 68
(s) Problem (-e)	le problème, 16
(s) Programm (-e)	le programme, 25
(e) Projektarbeit (-en)	le projet, 48
(r) Prospekt (-e)	le prospectus, 52
(s) Publikum	le public, 90
(r) Pulli (-s)	le pull, 78
(s) Pulver	la poudre, 68
putzen	nettoyer, 91
(e) Pyramide (-n)	la pyramide, 75

R

(s) Rad (¨-er)	le vélo, 87
(s) Radio	la radio, 50
rasch	rapidement, 122
(s) Rathaus (¨-er)	la mairie, 9
(s) Räuchermännchen (-)	le bonhomme fumeur, 75
auf etw. reagieren	réagir à qqch., 31
(e) Rebellion	la rébellion
Recht haben	avoir raison, 71
rechts	à droite, 106
(s) Regal (-e)	l'étagère, 52
(e) Reise (-n)	le voyage, 42
(e) Reisetasche (-n)	le sac de voyage, 15
rekapitulieren	récapituler, 35
religiös	religieux, 113
(e) Reportage (-n)	le reportage, 48
(s) Rezept (-e)	la recette, 68
(e) Richtung (-en)	la direction, 48
riechen	sentir, 67
(e) Rolle (-n)	le rôle, 62
rot	rouge, 110
(r) Rucksack (¨-e)	le sac à dos, 15
rufen	appeler, 69
(e) Ruhe	le calme, 77
in Ruhe lassen (ä)	laisser tranquille
ruhig	tranquille, calme, 77

S

(e) Sache (-n)	l'affaire, 35
(r) Saft (¨-e)	le jus, 68
sagen	dire, 13
(s) Salz	le sel, 68
sammeln	collecter, collectionner, 82
sauber	propre, 66
sauer	de mauvaise humeur, 74
(r) Schal (-s)	l'écharpe, 15
(r) Schatz (¨-e)	le trésor, 73
schauen	regarder, 16
scheinen	briller, 25
(e) Schere (-n)	les ciseaux, 35
schicken	envoyer, 108
(s) Schiff (-e)	le bateau, 43
schlafen (ä)	dormir
(r) Schlafsack (¨-e)	le sac de couchage, 63
schlimm	grave
(s) Schloss (¨-er)	le château, 31
(r) Schlüssel (-)	la clé, 94
schmecken	être bon au goût, 75
schmücken	décorer, 72
schneiden	couper, 73
schnell	vite, 67
(e) Schokolade	le chocolat, 69
(r) Schokoriegel (-)	la barre chocolatée, 92
schön	beau, 31
schreiben	écrire, 24
(r) Schreibtisch (-e)	le bureau, 66
schreien	crier, 122
(r) Schuh (-e)	la chaussure
(e) Schule (-n)	l'école
(r) Schüler (-)	l'élève, 13
(e) Schülerin (-nen)	l'élève, 13
(r) Schulhof (¨-e)	la cour de récréation, 97
(r) Schulleiter (-)	le directeur d'école, 97
(s) Schulsystem (-e)	le système scolaire, 89
schwarz	noir, 110
schwer	difficile, lourd
(e) Schwester (-n)	la sœur, 68
schwierig	difficile
schwimmen	nager
sehen (ie)	voir, 29
sehr	très, 31
sein	être, 13
(e) Seite (-n)	la page
selbstverständlich	évidemment
seltsam	bizarre, 88
(s) Service (-)	le service (vaisselle), 110
(e) Serviette (-n)	serviette (de table), 110
sich setzen	s'asseoir, 70
shoppen	faire du shopping, 25
singen	chanter, 72
(e) Situation (-en)	la situation, 86
sitzen	être assis
(s) Skateboard (-s)	le skateboard, 66
sofort	immédiatement, 66
sogar	même, 47
(r) Sohn (¨-e)	le fils, 59
solidarisch	solidaire, 55
(r) Sommer	l'été, 82
(e) Sonne	le soleil, 25
(e) Sonnenbrille (-n)	les lunettes de soleil, 15
(r) Souvenirladen (¨)	le magasin de souvenirs, 56
spannend	passionnant
spät	tard
(r) Spaß (¨-e)	la plaisanterie, 107
spielen	avoir lieu, se passer, 55
(r) Sport	le sport, 86
(e) Sprache (-n)	la langue, 88

sprechen (i)	parler, 13
(r) Staat (-en)	l'État, 83
(s) Stadion (-ien)	le stade, 31
(e) Stadt (¨e)	la ville, 28
(r) Stadtplan (¨e)	le plan de ville, 17
(r) Stand (¨e)	le stand, 48
stehen, das steht in…	être debout, c'est écrit dans…, 29
(s) Stichwort (¨er)	le mot-clé, 95
(r) Stift (-e)	le crayon, feutre, 89
stimmen	être vrai, exact, 34
(r) Stollen (-)	le gâteau de Noël, 73
stören	déranger, 108
(e) Straße (-n)	la route, la rue, 24
(e) Straßenbahn (-en)	le tramway, 48
(s) Streichholz (¨er)	l'allumette, 73
(r) Stress	le stress, 108
(r) Strohstern (-e)	l'étoile en paille, 75
(s) Stück (-e)	le morceau, 73
studieren	faire des études
(e) Stunde (-n)	l'heure, le cours, 86
(r) Stundenplan (¨e)	l'emploi du temps, 86
(e) Suchmaschine (-n)	le moteur de recherche, 123
suchen	chercher, 30
(r) Supermarkt (¨e)	le supermarché, 48
(e) Suppe (-n)	la soupe, 47
süß	sucré, 102
sympathisch	sympathique, 73

T

(e) Tafel (-n)	le tableau, tablette, 69
(r) Tag (-e)	le jour, 12
(r) Tannenbaum (¨e)	le sapin, 72
tanzen	danser
(s) Taschentuch (¨er)	le mouchoir, 15
(e) Tasse (-n)	la tasse, 110
(s) Taxi (-s)	le taxi, 69
(r) Tee	le thé, 68
(r) Teig	la pâte, 68
teilen	partager, 121
(s) Telefonbuch (¨er)	l'annuaire, 122
mit jdm telefonieren	téléphoner à qqn, 34
(e) Telefonsäule (-n)	la borne téléphonique, 48
(e) Telefonzelle (-n)	la cabine téléphonique
(r) Teller (-)	l'assiette, 110
(r) Test (-s)	le test, 86
(s) Tier (-e)	l'animal, 99
(r) Tipp (-s)	le conseil, 53
(e) Tischdecke (-n)	la nappe, 110
(r) Titel (-)	le titre, 63
(e) Tochter (¨)	la fille
(e) Toilette (-n)	les toilettes, 56
(pl.) Toilettensachen	les affaires de toilette, 59
toll	formidable, 63
(s) Tor (-e), (e) Tür (-en)	la porte, 31
(r) Tourist (-en, -en)	le touriste, 69
(r) Traum (¨e)	le rêve, 116
traurig	triste, 112
treffen (i)	rencontrer, se retrouver avec qqn, 48
trennen	séparer, 112
trinken	boire, 29
tun	faire, 33
tut mir Leid	*je suis désolé*, 35
(s) Türkisch	le turc (la langue), 51
(e) Tüte (-n)	le sac, sachet, 92

U

(e) U-Bahn (-en)	le métro, 48
üben	s'exercer
überhaupt	au juste, 108
übernachten	être hébergé, 43
(e) Überraschung (-en)	la surprise, 122
(s) Ufer (-)	la rive, 24
(e) Umwelt	l'environnement, 120
(r) Unterricht	le cours, 88

V

verbessern	corriger, 122
vergessen (i)	oublier, 67
verkaufen	vendre, 52
(pl.) Verkehrsregeln	le code de la route, 120
sich verkleiden	se déguiser, 82
(r) Verlag (-e)	l'édition, 48
verlassen (ä)	quitter, 55
(r) Verleger (-)	l'éditeur, 48
(e) Verspätung	le retard, 69
verstehen	comprendre, 33
(pl.) Verwandte	la famille, 73
(s) Videospiel (-e)	le jeu vidéo, 50
viel	beaucoup, 62
vielleicht	peut-être, 31
voll	plein, 32
vor	avant
(e) Vorbereitung (-en)	la préparation, 90
(r) Vorfahre (-n, -n)	l'ancêtre, 89
(r) Vormittag (-e)	la matinée, 87
(r) Vorname (n) (-n)	le prénom, 13
(r) Vorschlag (¨e)	la proposition, 75
sich vor/stellen	se présenter

W

(r) Wagen (-)	la voiture
wählen	choisir
wahr, nicht wahr?	vrai, n'est-ce pas ?, 34
warm	chaud, 25
warten	attendre, 67
warum	pourquoi, 95
was	que, 13
(s) Wasser	l'eau, 69
weg	disparu, 15
(r) Weg (-e)	le chemin, 32
weg/räumen	ranger, enlever, 66
Weihnachten	Noël, 72
weil	parce que, 95
(r) Wein (e)	le vin
weiß	blanc, 110
Es ist so weit!	*On y est ! C'est le moment attendu !*, 123
welch-	quel-, 30
wenig	peu, 50
wer	qui, 13
(r) Westen	l'ouest, 83
(s) Wetter	le temps, 106
wie	comment, 12
wiederholen	répéter, 17
willkommen	bienvenue, 11
(r) Winter	l'hiver
wirklich	vraiment, 47
wissen	savoir, 29
wo	où (locatif)
(e) Woche (-n)	la semaine, 87
(s) Wochenende (-n)	le week-end, 50
woher	d'où, 28
wohin	où (directif), 49
wohnen	habiter, 28
(e) Wohnung (-en)	l'appartement
(s) Wohnzimmer (-)	la salle de séjour
wollen	vouloir, 30
(s) Wort (¨er)/(e)	le mot / la parole, 13
zu Wort kommen	prendre la parole, 122
(s) Wörterbuch (¨er)	le dictionnaire, 20
wünschen	souhaiter, 72
(e) Wurst (¨e)	la charcuterie, la saucisse, 68

Z

zahlreich	nombreux, 62
zeigen	montrer, 55
(e) Zeit	le temps
(e) Zeitung (-en)	le journal, 50
(r) Zettel (-)	le morceau de papier, 33
(s) Zimmer (-)	la pièce, 13
(e) Zitrone (-n)	le citron, 68
zu jdm	chez qqn (directif)
zu (+ adj.)	trop, 50
jdm zu/hören	écouter attentivement qqn, 13
zu/lassen (ä)	tolérer, 51
zu sein	être fermé
(r) Zucker	le sucre, 68
zuerst	d'abord, 34
(r) Zug (¨e)	le train, 55
(e) Zugverbindung (-en)	la liaison ferroviaire, 125
zurück sein	être de retour
zusammen	ensemble
zwischen	entre, 53

A

l'accent	(r) Akzent(-e)
accroché, suspendu (être)	hängen
accrocher	auf/hängen
accueillant	gastfreundlich
acheter	kaufen
actuel	aktuell
l'affaire	(e) Sache (-n)
les affaires de toilette	(pl.) Toilettensachen
l'affiche	(s) Plakat (-e)
l'agenda, le calendrier	(r) Kalender (-)
l'aide	(e) Hilfe
aider	mit/helfen (i), jdm helfen (i)
aimable	freundlich
aimer faire qqch.	gern + V
bien aimer qqch./qqn	etw./jdn mögen
aimer qqn	jdn lieben
l'air	(e) Luft
l'Allemagne	(s) Deutschland
en allemand	auf Deutsch
allemand	deutsch
l'allemand (la langue)	(s) Deutsch
aller	mit/fahren (ä)
aller	gehen
aller en véhicule	fahren (ä)
aller chercher qqn	jdn holen
allumer	an/zünden
l'allumette	(s) Streichholz (¨er)
l'Américain	(r) Amerikaner (-)
l'Amérique	(s) Amerika
l'ami	(r) Freund (-e)
l'amie	(e) Freundin (-nen)
l'ancêtre	(r) Vorfahre (-n, -n)
anglais	englisch
l'anglais (la langue)	(s) Englisch
l'animal	(s) Tier (-e)
l'annuaire	(s) Telefonbuch (¨er)
l'appareil photo	(r) Fotoapparat (-e), (e) Kamera (-s)
l'appartement	(e) Wohnung (-en)
appeler	rufen
appeler qqn par téléphone	jdn an/rufen
s'appeler, signifier	heißen
apporter	mit/bringen
apprécier qqch.	etw. gern haben
apprendre (une nouvelle),	erfahren (ä),
(une leçon)	lernen
après cela, ensuite	danach
l'après-midi	(r) Nachmittag (-e)
l'arbre	(r) Baum (¨e)
l'argent	(s) Geld
l'arrêt	(e) Haltestelle (-n)
l'arrivée	(e) Ankunft
s'asseoir	sich setzen
l'assiette	(r) Teller (-)
attendre qqn	auf jdn warten
l'attestation	(r) Ausweis (-e)
l'auberge de jeunesse	(e) Jugendherberge (-n)
aujourd'hui	heute
au mieux	am besten
aussi	auch
l'auteur	(r) Buchautor (-en)
autoritaire	autoritär
autre	ander-
autrement	anders
l'Autriche	(s) Österreich
avant	vor
avoir	haben

B

le baladeur	(r) Discman (-men)
la banque	(e) Bank (-en)
la barbe	(r) Bart (¨e)
la barre chocolatée	(r) Schokoriegel (-)
la barre de céréales	(r) Müsliriegel (-)
le bateau	(s) Schiff (-e)
la BD	(pl.) Comics
beau	schön
beaucoup	viel
le bébé	(s) Baby (-s)
avoir besoin de qqch./qqn	etw./jdn brauchen
le beurre	(e) Butter
bienvenue	willkommen
la bière	(s) Bier
bizarre	seltsam
blanc	weiß
bleu	blau
boire	trinken
la boisson	(s) Getränk (-e)
bon, bien	gut
le bonbon	(s) Bonbon (-s)
le bonhomme fumeur	(s) Räuchermännchen (-)
la borne téléphonique	(e) Telefonsäule (-n)
la boucle d'oreille	(r) Ohrring (-e)
la bougie	(e) Kerze (-n)
la boulangerie	(e) Bäckerei (-en)
la bouteille	(e) Flasche (-n)
le bras	(r) Arm (-e)
le bretzel	(e) Brezel (-n)
bricoler	basteln
la brochure	(e) Broschüre (-n)
brutal	brutal
le bureau	(r) Schreibtisch (-e)
le bus	(r) Bus (-se)

C

la cabine (bateau)	(e) Koje (-n)
la cabine téléphonique	(e) Telefonzelle (-n)
le cadeau	(s) Geschenk (-e)
le café	(r) Kaffee (boisson), (s) Café (local)
la cafétéria	(e) Cafeteria
le cahier	(s) Heft (-e)
la caisse	(e) Kasse (-n)
le calendrier de l'Avent	(r) Adventskalender (-)
le calme	(e) Ruhe
le carnet	(s) Notizheft (-e)
la carte de téléphone	(e) Telefonkarte (-n)
la carte postale	(e) Ansichtskarte (-n)
la casquette	(e) Kappe (-n)
le casse-noisettes	(r) Nussknacker (-)
la cassette	(e) Kassette (-n)
la cathédrale	(r) Dom (-e)
le CD	(e) CD (-s)
célèbre	berühmt
les céréales	(s) Müsli
la chance, le bonheur	(s) Glück
chanter	singen
chaque	jed-
la charcuterie	(e) Wurst
le chariot	(r) Gepäckwagen (-)
le château	(s) Schloss (¨er)
chaud	warm
la chaussure	(r) Schuh (-e)
le chef	(r) Chef (-s)
le chemin	(r) Weg (-e)
cher, chère	lieb-
chercher	suchen
le cheval	(s) Pferd (-e)
chez qqn	bei jdm/zu jdm
le chien	(r) Hund (-e)
le chocolat	(e) Schokolade
choisir	wählen
le cinéma	(s) Kino (-s)
les ciseaux	(e) Schere (-n)
le citron	(e) Zitrone (-n)
la classe	(e) Klasse (-n)
la clé	(r) Schlüssel (-)
le coca	(e) Cola
le code secret	(e) Geheimnummer (-n)
la coiffeuse	(e) Friseurin (-nen)
la coiffure	(e) Frisur (-en)
la colle (bâton)	(r) Klebstift (-e)
coller	auf/kleben
commander qqch.	etwas bestellen
commencer	beginnen, an/fangen (ä)
comment	wie
compliqué	kompliziert

comprendre	**verstehen**
le concert	**(s) Konzert (-e)**
le concierge	**(r) Hausmeister (-)**
la confiture	**(e) Marmelade**
le conflit	**(r) Konflikt (-e)**
connaître	**kennen**
connu	**bekannt**
le conseil	**(r) Tipp (-s)**
être content	**sich freuen**
être contre	**dagegen sein**
cool	**cool**
la corbeille à papier	**(r) Papierkorb (¨-e)**
cordial	**herzlich**
le coup de téléphone	**(r) Anruf (-e)**
couper	**schneiden**
la cour de récréation	**(r) Schulhof (¨-e)**
la couronne de l'Avent	**(r) Adventskranz (¨-e)**
le cours, l'enseignement	**(r) Unterricht**
le cours, le stage	**(r) Kurs (-e)**
le cousin	**(r) Cousin (-s)**
la cousine	**(e) Cousine (-n)**
le crayon	**(r) Bleistift (-e)**
le crayon, feutre	**(r) Stift (-e)**
croire	**glauben**
la cuillère	**(r) Löffel (-)**
la cuisine (faire)	**(e) Küche (-n), kochen**
le cybercafé	**(s) Internetcafé (-s)**

D

d'abord	**erst, zuerst**
dans, à	**in**
danser	**tanzen**
de (provenance)	**aus**
décorer	**schmücken**
découvrir	**entdecken**
décrire	**beschreiben**
demain	**morgen**
déranger	**stören**
dernier	**letzt-**
je suis désolé, désolé	***tut mir leid***
le devoir	**(e) Aufgabe (n)**
le dictionnaire	**(s) Wörterbuch (¨-er)**
le dieu	**(r) Gott (¨-er)**
difficile	**schwierig**
difficile, lourd	**schwer**
dire	**sagen**
le directeur d'école	**(r) Schulleiter (-)**
la direction	**(e) Richtung (-en)**
la discothèque	**(e) Disko (-s)**
discuter de qqch.	**etw. besprechen (i)**
discuter, débattre	**diskutieren**
disparu	**weg**
le distributeur	**(r) Automat (-en, -en)**
le doigt	**(r) Finger (-)**
donc, bon	**also**
donner	**geben (i)**
dormir	**schlafen (ä)**
d'où	**woher**
la douche	**(e) Dusche**
prendre une douche	**duschen**
tout droit	**geradeaus**
à droite	**nach rechts**
drôle	**lustig**
drôle, bizarre	**komisch**
durer	**dauern**

E

l'eau	**(s) Wasser**
l'eau gazeuse	**(r) Sprudel**
l'écharpe	**(r) Schal (-s)**
l'école	**(e) Schule (-n)**
écouter	**hören**
écouter attentivement (qqn)	**(jdm) zu/hören**
écouter qqch.	**sich etw. an/hören**
écrire	**schreiben**
l'éditeur	**(r) Verleger (-)**
l'édition	**(r) Verlag (-e)**
l'église	**(e) Kirche (-n)**
l'élève	**(r) Schüler (-)**
l'élève	**(e) Schülerin (-nen)**
l'émigrant	**(r) Emigrant (-en, -en)**
l'emploi du temps	**(r) Stundenplan (¨-e)**
emporter	**mit/nehmen (i)**
encore	**noch**
l'enfant	**(s) Kind (-er)**
enfin	**endlich**
ensemble	**zusammen**
entre	**zwischen**
l'entrée	**(r) Eingang (¨-e)**
envoyer	**schicken**
l'étagère	**(s) Regal (-e)**
l'étape	**(e) Etappe (-n)**
l'État	**(r) Staat (-en)**
l'été	**(r) Sommer**
l'étiquette	**(s) Etikett (s)**
l'étoile en paille	**(r) Strohstern (-e)**
étranger	**fremd**
être	**sein**
être assis	**sitzen**
être bon au goût	**schmecken**
être debout, c'est écrit dans…	**stehen, das steht in…**
être obligé, devoir	**müssen**
être vrai, exact	**stimmen**
des études (faire)	**studieren**
évidemment	**selbstverständlich**
évident, clair	**klar**
l'excuse	**(e) Entschuldigung (-en)**
s'exercer	**üben**
expliquer	**erklären**
extravagant	**extravagant**
extrême	**extrem**

F

la façade	**(e) Fassade (-n)**
la faim	**(r) Hunger**
faire	**machen, tun**
faire cuire	**backen**
faire la grasse matinée	**aus/schlafen (ä)**
faire les courses	**ein/kaufen**
la famille	**(e) Familie (-n)**
la famille	**(pl.) Verwandte**
la farine	**(s) Mehl**
fatigué	**müde**
la fenêtre	**(s) Fenster (-)**
fermé (être)	**zu sein**
la fête	**(s) Fest (-e)**
le feu de circulation	**(e) Ampel (-n)**
la fille	**(e) Tochter (¨)**
la fillette	**(s) Mädchen (-)**
le fils	**(r) Sohn (¨-e)**
la fin	**(s) Ende (-n)**
la fleur	**(e) Blume (-n)**
la foire du livre	**(e) Buchmesse (-n)**
le football	**(r) Fußball**
formidable	**toll**
fort, bruyant	**laut**
le four	**(r) Backofen (¨)**
frais	**frisch**
le frère	**(r) Bruder (¨)**
les frites	**(pl.) Pommes frites**
le fromage	**(r) Käse**

G

le garçon	**(r) Junge (-n, -n)**
la gare	**(r) Bahnhof (¨-e)**
le gâteau	**(r) Kuchen (-)**
le gâteau de Noël	**(r) Stollen (-)**
gauche (à)	**links**
les gens	**(pl.) Leute**
gentil	**nett**
la glace	**(s) Eis**
grand	**groß**
la grand-mère	**(e) Großmutter (¨)**
grave	**schlimm**
le groupe	**(e) Gruppe (-n)**

H

habiter	**wohnen**
le hall principal	**(e) Haupthalle (-n)**
le hamburger	**(r) Hamburger (-)**
l'heure, le cours	**(e) Stunde (-n)**
heureux	**glücklich**
l'histoire	**(e) Geschichte (-n)**
l'histoire en images	**(e) Bildgeschichte (-n)**

l'hiver	(r) Winter
le hobby	(s) Hobby (-s)
l'homme	(r) Mann (¨-er)
l'hôtel	(s) Hotel (-s)

I

ici	**hier**
l'idée	(e) Idee (-n)
idiot	**blöd**
immédiatement	**sofort**
l'impression	(r) Eindruck (¨-e)
l'Indien	(r) Indianer (-)
informer	**informieren**
instant (à l')	**gerade**
intéressant	**interessant**
s'intéresser à qqn/qqch.	**sich für jdn/etw. interessieren**
Internet (sur)	**im Internet**
l'interview	(s) Interview (s)
introduire, insérer	**ein/geben (i)**
l'invitation	(e) Einladung (-en)
l'invité	(r) Gast (¨-e)
inviter qqn	**jdn ein/laden (ä)**

J

le jardin	(r) Garten (¨-)
jaune	**gelb**
le jeu vidéo	(s) Videospiel (-e)
le jeune	(r) Jugendliche
jeune	**jung**
la jeunesse	(e) Jugend
jouer	**spielen**
le jour	(r) Tag (-e)
le journal	(e) Zeitung (-en)
le journaliste	(r) Journalist (-en, -en)
joyeux	**froh**
le jus de pomme	(r) Apfelsaft (¨-e)

L

là	**da**
la France	(s) Frankreich
là-bas	**dort**
l'air (avoir)	**aus/sehen (ie)**
laisser	**lassen (ä)**
laisser tranquille	**in Ruhe lassen (ä)**
le lait	(e) Milch
le lait fermenté	(e) Buttermilch
la langue	(e) Sprache (-n)
la lecture	(e) Lektüre (-n)
lent, lentement	**langsam**
la lettre	(r) Brief (-e)
se lever	**auf/stehen**
la liberté	(e) Freiheit
le libraire	(r) Buchhändler (-)
la ligne	(e) Linie (-n)
la ligne, la taille	(e) Figur
la limonade	(e) Limonade
lire	**lesen (ie)**
la liste	(e) Liste (-n)
le lit	(s) Bett (-en)
la littérature	(e) Literatur
le livre	(s) Buch (¨-er)
longtemps	**lange**
les lunettes	(e) Brille (-n)
les lunettes de soleil	(e) Sonnenbrille (-n)

M

Madame, la femme	(e) Frau (-en)
le magasin	(s) Kaufhaus (¨-er)
le magasin de souvenirs	(r) Souvenirladen (¨-)
le magazine	(s) Magazin (-e)
le magnétophone	(r) Kassettenrecorder (-)
la main	(e) Hand (¨-e)
maintenant	**jetzt**
mais	**aber**
la maison	(s) Haus (¨-er)
maison (à la)	**zu/nach Hause**
mal du pays (avoir le)	**Heimweh haben**
malheureusement	**leider**
manger	**essen (i)**
la margarine	(e) Margarine
les math(ématique)s	(e) Mathe(matik)
la matinée	(r) Vormittag (-e)
de mauvaise humeur	**sauer**
même	**sogar**
la mer	(s) Meer (-e)
merci bien	**danke schön**
la mère	(e) Mutter (¨-)
le métro	(e) U-Bahn
mettre de l'ordre, ranger	**Ordnung machen, auf/räumen**
mettre un habit	**an/ziehen**
mieux, meilleur	**besser**
minuit	**Mitternacht**
le modèle	(s) Modell (-e)
le moment	(r) Moment (-e)
Monsieur, le monsieur	(r) Herr (-n, -en)
le montant	(r) Betrag (¨-e)
montrer	**zeigen**
se moquer	**sich lustig machen**
la morale	(e) Moral
le morceau	(s) Stück (-e)
le morceau de papier	(r) Zettel (-)
le mot/parole	(s) Wort (¨-er) / (e)
le mot-clé	(s) Stichwort (¨-er)
la moto	(s) Motorrad (¨-er)
le mouchoir	(s) Taschentuch (¨-er)
le musée	(s) Museum (-en)
la musique	(e) Musik

N

nager	**schwimmen**
la nappe	(e) Tischdecke (-n)
naturellement	**natürlich**
ne pas	**nicht**
ne plus	**nicht mehr**
nerveux	**nervös**
nettoyer	**putzen**
neuf, nouveau	**neu**
Noël	**Weihnachten**
noir	**schwarz**
le nom	(r) Name (-n, -n)
la note	(e) Note (-n), (e) Notiz (-en)
noter	**notieren**
le nouvel An	(s) Neue Jahr
la nuit	(e) Nacht (¨-e)
le numéro	(e) Nummer (-n)

O

l'œil	(s) Auge (n)
l'œuf	(s) Ei (-er)
l'opéra	(e) Oper (-n)
l'ordinateur	(r) Computer (-)
l'oreille	(s) Ohr (-en)
ou, ou bien	**oder**
où ? (locatif)	**wo?**
où ? (directif)	**wohin?**
oublier	**vergessen (i)**
l'ouest	(r) Westen
ouvrir	**auf/machen**

P

la page	(e) Seite (-n)
la page internet	(e) Homepage (-s)
le pain	(s) Brot (-e)
le pain d'épice	(r) Lebkuchen (-)
le panneau d'affichage	das schwarze Brett
parce que	**weil**
les parents	**(pl.) Eltern**
parfois	**manchmal**
parler	**sprechen (i)**
le partenaire	(r) Partner (-)
la partenaire	(e) Partnerin (-nen)
participer	**mit/machen**
le passager	(r) Passagier (-e)
le passeport	(r) Pass (¨-e)
passionnant	**spannend**
la pâte	(r) Teig
la pause, la récré	(e) Pause (-n)
pauvre	**arm**
le pays	(s) Land (¨-er)
le pays natal, les racines	(e) Heimat
le peigne	(r) Kamm (¨-e)
peindre, dessiner	**malen**

la pellicule	(r) Film (-e)
penser à qqch./qqn	an etw./jdn denken, meinen
la permission (avoir)	dürfen
perplexe	perplex
la personne,	(e) Person (-en)
personne (par)	pro Person
petit	klein
le petit déjeuner,	(s) Frühstück
prendre le petit déjeuner	frühstücken
le petit gâteau de Noël	(s) Plätzchen (-)
le petit pain	(s) Brötchen (-)
un peu	ein bisschen
peu	wenig
peut-être	vielleicht
la photo	(s) Foto (-s)
photographier	fotografieren
la pièce	(s) Zimmer (-)
le pied	(r) Fuß (¨-e)
la pincée	(e) Prise (-n)
la place	(r) Platz (¨-e)
plaire à qqn	jdm gefallen (ä)
la plaisanterie	(r) Spaß (¨-e)
le plan	(r) Plan (¨-e)
le plan de ville	(r) Stadtplan (¨-e)
plein	voll
le podium de discussion	(s) Diskussionspodium (-ien)
la police	(e) Polizei
politique	politisch
la pomme	(r) Apfel (¨)
le pont	(e) Brücke (-n)
le port	(r) Hafen (¨)
la porte	(s) Tor (-e), (e) Tür (-en)
le porte-monnaie	(s) Portemonnaie (-s)
poser une/la question à qqn	jdn fragen
la poudre	(s) Pulver
pour	für (+ acc.)
pour (être)	dafür sein
pourquoi	warum
préférer	lieber haben
premier	erst-
prendre	nehmen (i)
prendre un bain	baden
le prénom	(r) Vorname (n) (-n)
la préparation	(e) Vorbereitung (-en)
préparer	vor/bereiten
se présenter	sich vor/stellen
presque	fast
prêt (être), avoir terminé	fertig sein
le problème	(s) Problem (-e)
prochain	nächst-
le professeur	(r) Lehrer (-)
le professeur principal	(r) Klassenlehrer (-)
le programme	(s) Programm (-e)
le projet	(e) Projektarbeit (-en)
proposer	an/bieten
la proposition	(r) Vorschlag (¨-e)
propre	sauber
le prospectus	(r) Prospekt (-e)
le public	(s) Publikum
puis, alors	dann
le pull	(r) Pulli (-s)
la pyramide	(e) Pyramide (-n)

Q

que	was
quel-	welch-
qqch., un peu de	etwas
quelques	einige
Que se passe-t-il ?	*Was ist los?*
la question, poser des/les questions	(e) Frage (-n), Fragen stellen
Il n'en est pas question.	*Es kommt nicht in Frage.*
questionner qqn	jdn befragen
qui	wer
quitter	verlassen (ä)

R

raconter, dire	erzählen
la radio	(s) Radio
avoir raison	Recht haben
ranger	auf/räumen
ranger, enlever	weg/räumen
le rapport	(r) Bericht (-e)
réagir à qqch.	auf etwas reagieren
la rébellion	(e) Rebellion
récapituler	rekapitulieren
la recette	(s) Rezept (-e)
recevoir	bekommen
recopier, noter	auf/schreiben
le réfrigérateur	(r) Kühlschrank (¨-e)
regarder	schauen
regarder	an/schauen
regarder qqch.	sich etw. an/schauen
regarder la TV	fern/sehen (ie)
religieux	religiös
remarquer	bemerken
remarquer	merken
remercier qqn	jdm danken
rencontrer, se retrouver avec qqn	treffen (i)
le repas	(s) Essen (-)
le repas du soir	(s) Abendbrot
répéter	nach/sprechen (i)
répéter	wiederholen
répondre	antworten
le reportage	(e) Reportage (-n)
rester	bleiben
le retard	(e) Verspätung
retour (être de)	zurück sein
le rêve	(r) Traum (¨-e)
au revoir	auf Wiedersehen
au revoir (au téléphone)	auf Wiederhören
(ne) rien	nichts
rire	lachen
le roman d'amour	(r) Liebesroman (-e)
rouge	rot
la route, la rue	(e) Straße (-n)
la rue, la ruelle	(e) Gasse (-n)

S

le sac à dos	(r) Rucksack (¨-e)
le sac de voyage	(e) Reisetasche (-n)
le sac, sachet	(e) Tüte (-n)
sain	gesund
la salle de bains	(s) Badezimmer (-)
la salle de classe	(s) Klassenzimmer (-)
la salle de séjour	(s) Wohnzimmer (-)
le salon de thé	(s) Café (-s)
le sapin	(r) Tannenbaum (¨-e)
la saucisse	(e) Wurst (¨-e)
savoir	wissen
se passer, avoir lieu	spielen
le sel	(s) Salz
la semaine	(e) Woche (-n)
se sentir	sich fühlen
sentir	riechen
séparer	trennen
le service (vaisselle)	(s) Service (-)
la serviette (de table)	(e) Serviette (-n)
seulement	nur
signifier	bedeuten, heißen
s'il te/vous plaît	bitte
la situation	(e) Situation (-en)
le skateboard	(s) Skateboard (-s)
skier	Ski laufen (ä)
la sœur	(e) Schwester (-n)
la soif	(r) Durst
le soir	(r) Abend (-e)
le soir	abends
ce soir	heute Abend
solidaire	solidarisch
sortir	aus/gehen
soudain	plötzlich
souhaiter	wünschen
la soupe	(e) Suppe (-n)
souvent	oft
le sport	(r) Sport
le stade	(s) Stadion (-ien)
le stand	(r) Stand (¨-e)
le stress	(r) Stress
le stylo bille	(r) Kuli (-s)
le sucre	(r) Zucker

le supermarché	(r) Supermarkt (¨-e)
sur	auf
sûr	sicher
sûrement	bestimmt
surfer	surfen
symboliser	symbolisieren
sympathique	sympathisch
le système scolaire	(s) Schulsystem (-e)

T

le tableau, tablette	(e) Tafel (-n)
tard	spät
la tasse	(e) Tasse (-n)
le taxi	(s) Taxi (-s)
le téléphone	(s) Telefon
le téléphone portable	(s) Handy (-s)
téléphoner à qqn	mit jdm telefonieren
la télévision	(r) Fernseher (-)
le temps	(e) Zeit (-en), (s) Wetter (-)
le temps libre	(e) Freizeit
le test	(r) Test (-s)
la tête	(r) Kopf (¨-e)
le thé	(r) Tee
le ticket, le billet	(e) Karte (-n)
le titre	(r) Titel (-)
les toilettes	(e) Toilette (-n)
tolérer	zu/lassen (ä)
tôt	früh
toujours	immer
le touriste	(r) Tourist (-en, -en)
tous	alle
tout	alles
tout (entier/ement)	ganz
tout de suite	gleich
le train	(r) Zug (¨-e)
le trajet	(e) Fahrt (-en)
le tramway	(e) Straßenbahn (-en)
tranquille, calme	ruhig
le travail	(e) Arbeit (-en)
travail (se mettre au)	sich an die Arbeit machen
très	sehr
le trésor	(r) Schatz (¨-e)
triste	traurig
trop	zu (+ adj.), zu viel
trouver	finden
le turc (la langue)	(s) Türkisch

V

les vacances	(pl.) Ferien
la valise	(r) Koffer (-)
la veille de Noël	(r) Heiligabend
le vélo	(s) Rad (¨-er)
vendre	verkaufen
venir	kommen
vérifier	nach/schauen
le verre	(s) Glas (¨-er)
vert	grün
la veste	(e) Jacke (-n)
vider	aus/leeren
vieux, âgé	alt
la ville	(e) Stadt (¨-e)
la vieille ville	(e) Altstadt
le vin	(r) Wein (e)
visiter	besichtigen
visiter, rendre visite	jdn besuchen
vite	schnell
voir	sehen (ie)
la voiture	(r) Wagen (-)
le voleur	(r) Dieb (-e)
volontiers	gern
je voudrais	ich möchte
vouloir	wollen
le voyage	(e) Reise (-n)
le voyage de classe	(e) Klassenfahrt (-en)
vrai, n'est-ce pas ?	wahr, nicht wahr?
vraiment	wirklich

W

le week-end	(s) Wochenende (-n)

Y

le yaourt	(s, r) Joghurt (-)

Z

le zoo	(r) Zoo (-s)

Die 16 Länder der Bundesrepublik Deutschland

Österreich, die Schweiz und Deutschland

Europa 2005

Crédits photographiques et illustrations

Couverture : Siegfried Layda/Getty Images – **p. 9** : (hg) M. Horacek/Bilderberg/Studio X ; (md) Ralf Hirschberger/picture-alliance/ZB ; (bg) Thorsten Lang/picture-alliance/dpa ; (bd) Martin Schutt/picture-alliance/ZB - **pp. 10/11** : J.P. Boening/ZENIT-LAIF-REA – **p. 12** : (bd) DJH Frankfurt am Main – **p. 17** : (bd) DJH Franfurt am Main – **p. 21 & 24/25 (fond)** : Stadt Frankfurt am Main/DR - **p. 24** : (hg) Jan van de Vel/Reporters-REA ; (hd) Paul Langrock/LAIF-REA ; (m) Joke/picture-alliance/Helga Lade GmbH, Germany ; (bg) W. Krecichwost/picture-alliance/Helga Lade GmbH, Germany ; (timbre) Deutsche Post World Net – **p. 25** : (hg) Werner Baum/picture-alliance/dpa ; (hd) Frank May/picture-alliance/dpa ; (bd) Freies Deutsches Hochstift/Frankfurter Goethe-Museum ; (timbre) Deutsche Post World Net – **pp. 26/27** : Patrick Seeger/picture-alliance/dpa – **p. 29** : (hg) DJH-ArchivDetmold ; (mg) Historisches Museum Bremerhaven/Morgenstern-Museum - **p. 31** : (hg) K.-H. Haenel/zefa/Corbis ; (hd) Siegfried Layda/Getty Images ; (mg) Benoit Decout/REA ; (md) Kevin Burke/Corbis ; (bg) Kehrer/picture-alliance/dpa ; (mb) Jardin Zoologique et Botanique Wilhelma, Stuttgart ; (bd/1) Martin Kirchner/LAIF-REA ; (bd/2) epa Lehtikuva Nukari/picture-alliance/dpa – **p. 32** : (h, de gauche à droite) Deutsche Zentrale für Tourismus e.V., Frankfurt am Main ; Baier & Schneider GmbH & Co. KG, Heilbronn ; KVB AG/DR ; GLS Sprachenzentrum Berlin ; (bg) Goethe-Institut Freiburg ; (bd) Sächsische Staatsoper Dresden – **p. 35** : (hg, hc, md, bg) Baier & Schneider GmbH & Co. KG, Heilbronn ; (mc) UHU GmbH & Co. KG – **p. 39** : DJH, Frankfurt am Main – **p. 42** : (g) DJH Hessen ; (d) DJH-Archiv Detmold – **p. 43** : (hg, bd) DJH-Archiv Detmold ; (hm) Kuttig/ullstein/akg-images ; (hd) Bernd Wüstneck/picture-alliance/ZB ; (mg) Wolfgang Thieme/picture-alliance/ZB ; (bg) picture-alliance/dpa – **pp. 44/45** : Alexander Rüsche/picture-alliance/dpa – **p. 47** : Gondrom GmbH & Co. KG, Bindlach – **p. 54** : (hd) Erich Rauschenbach ; (hg) Karl-May-Verlag/Lothar Schmid GmbH, Bamberg ; (hm) Verlag Friedrich Oetinger GmbH, Hamburg ; (hd) from: „Das Wunder von Bern" by Christoph Siemes © 2003 by Verlag Kiepenheuer & Witsch Köln ; (bg) Illustrations by Sabine Wilharm © Carlsen Verlag GmbH, Hamburg 2003 ; (bd) 2005 Éditions Albert René/Goscinny-Uderzo – **p. 55** : (g) Cecilie Dressler Verlag GmbH & Co. KG, Hamburg ; (d) Cinetext – **p. 57** : Uli Stein/Catprint Media GmbH, Langenhagen – **p. 62** : (hg) Frankfurt Book Fair/Hirth ; (hd) Frankfurt Book Fair ; (bg) Sven Schröder, Hamburg ; (md, bd) Ravensburger – **p. 63** : Ingo Wagner/picture-alliance/dpa ; (d) Ravensburger – **pp. 64/65** : Wolfgang Thieme/picture-alliance/ZB – **p. 82** : (hg) Ingo Wagner/picture-alliance/dpa ; (hd) Becker & Bredel/ullstein/akg-images ; (bg) Rufenach/ullstein/akg-images ; (bd) Stephan Jansen/picture-alliance/dpa – **p. 83** : (hg) Grafik-Design, Stuttgart ; (mg) Soul, Oxford/www.souluk.com ; (md) Paul Langrock/Zenit ; (bg) Stephan Jansen/picture-alliance/dpa ; (bd) Breuel-Bild/ullstein/akg-images – **pp. 84/85** : Klar/ullstein/akg-images – **p. 88** : KGS-Sehnde – **p. 102** : (hg) picture-alliance/ZB ; (hd, md) KGS-Sehnde ; (bg) Bernd Thissen/picture-alliance/dpa ; (bd) Solcher/ullstein/akg-images – **p. 103** : (mg) SGS Saarlouis Saarbrücken ; (bg) Andre Kurtas/picture-alliance/ZB – **pp. 104/105** : Joerg Glaescher/LAIF-REA – **p. 109** : Vision Photos/ullstein/akg-images – **p. 117** : Uli Stein/Catprint Media GmbH, Langenhagen – **p. 120** : (hg) Patrick Pleul/picture-alliance/ZB ; (bgh) Anne Dedert/picture-alliance/dpa ; (bgb) Roland Scheidemann/picture-alliance/dpa ; (hd) Perkovic/LAIF-REA ; (bd) Joern Sackermann/Das Fotoarchiv – **p. 121** : (hg) Minehan/ullstein/akg-images ; (bg) Manfred Vollmer/Das Fotoarchiv ; (d) Thomas Mayer/Das Fotoarchiv.

Achevé d'imprimer en Espagne par Mateu Cromo S.A.
Dépôt légal : août 2007-5547/05